T0326512

La « zone grise » du travail

Dynamiques d'emploi et négociation au Sud et au Nord

P.I.E. Peter Lang

Bruxelles · Bern · Berlin · Frankfurt am Main · New York · Oxford · Wien

Christian Azaïs, Liana Carleial (dir.)

La « zone grise » du travail

Dynamiques d'emploi et négociation au Sud et au Nord

Cette publication a été réalisée grâce au soutien financier du programme ANR ZOGRIS (2011-2015) « L'évolution des normes d'emploi et nouvelles formes d'inégalités ; vers une comparaison des zones grises (Brésil, États-Unis, France) ? », coordonné par Madame Donna Kesselman (UPEC-Créteil/Imager, France). L'équipe était composée de chercheur-e-s de ces trois pays et du Mexique.

Illustrations de couverture :
Photo 1 : https://pixabai.com/ (archives: work).
Photo 2 : Ricardo Stuckert (Avenida Paulista, São Paulo), 15 mars 2017.

Cette publication a fait l'objet d'une évaluation par les pairs.

© P.I.E. PETER LANG s.a.
Éditions scientifiques internationales
Bruxelles, 2017
1 avenue Maurice, B-1050 Bruxelles, Belgique
www.peterlang.com; brussels@peterlang.com

Imprimé en Allemagne

ISBN 978-2-8076-0565-7
ePDF 978-2-8076-0566-4
ePUB 978-2-8076-0567-1
MOBI 978-2-8076-0568-8
DOI 10.3726/b12533
D/2018/5678/80

Information bibliographique publiée par « Die Deutsche Bibliothek »

« Die Deutsche Bibliothek » répertorie cette publication dans la « Deutsche National-bibliografie » ; les données bibliographiques détaillées sont disponibles sur le site <http://dnb.ddb.de>.

Table des matières

Introduction générale

Le travail, variable d'ajustement des politiques néo-libérales, le Brésil et la France en perspectives

Christian Azaïs, Liana Carleial

Cet ouvrage porte sur les transformations de la relation d'emploi et des normes d'emploi dans des contextes différenciés – Brésil, France et Canada. Toutefois, le Brésil constitue l'axe central à partir duquel sont articulées les réflexions.

La question centrale est celle de la place de l'État à un moment où, depuis les années 1980, il tend à céder à l'initiative privée une partie des prérogatives qui faisaient sa spécificité en matière de correction de la dissymétrie inhérente au rapport employeur/employé. L'on assiste à un changement de paradigme qui s'exprime dans le propos de Silva *infra*, « l'État est complice de la dérégulation [...] En légiférant et réinterprétant les règles, [il] corrobore paradoxalement l'individualisation et la contractualisation des relations de travail ». Pointer le rôle de l'État revient à poser la question du rapport entre le public et le privé et, plus implicitement, celui du lien entre le collectif et l'individu, questions qui alimentent cette présentation générale.

D'un point de vue méthodologique, le fait d'envisager les situations à partir d'échelles diverses et de se saisir plus ou moins implicitement de la dimension comparative, en filigrane dans nombre d'articles présentés dans cet ouvrage, aidera à cerner la complexité des thèmes ici approchés.

De quels dispositifs se saisissent les acteurs, comment le droit du travail et les formes d'organisation du travail sont-ils convoqués et quels effets ont-ils sur la prise en compte des inégalités, telles sont les questions que les textes ci-dessous abordent. Quelles conséquences ces nouvelles formes de travail ont-elles sur l'organisation des travailleurs, leurs possibilités de négociation et quels sont les chemins empruntés pour garantir la pérennité des droits acquis ? En toile de fond, c'est la teneur des relations professionnelles qui est interrogée.

L'ouvrage est structuré en deux parties. Dans la première, *Droit du travail, formats organisationnels et inégalités, le Brésil en exergue*, notre regard s'est porté sur la centralité de l'État et sur sa capacité à produire des inégalités en flexibilisant la force de travail, par le biais de pratiques de sous-traitance et d'externalisation de la main-d'œuvre. A cela s'ajoute une modification de la législation qui conduit à diversifier les contrats de travail au sein d'une même entreprise. Ainsi, des travailleurs dont les journées de travail, les salaires et les niveaux de protection sociale diffèrent cohabitent au sein de la même entreprise alors qu'ils exercent la même activité au sein de la même entreprise.

Lorsque la croissance est faible et que les emplois se font rares, ces changements entrainent de nouveaux formats organisationnels, comme c'est le cas avec les coopératives de production et de travail au Brésil. Comme le nombre de travailleurs salariés subordonnés diminue, le nombre de travailleurs couverts par une relation d'emploi diminue lui aussi. Le droit du travail accompagne ces transformations. Ainsi, en endossant les réformes du marché du travail mises en place, le droit du travail, depuis le début des années 1990, est devenu producteur d'inégalités et, par conséquent, de zones grises d'emploi et de travail.

Trois articles composent la première partie de l'ouvrage. Le Brésil y est à l'honneur. Deux d'entre eux offrent des exemples factuels des changements dans le monde du travail. Ils le font en discutant l'intense processus d'externalisation de la force de travail au Brésil (Carleial, Ferreira) et la constitution de coopératives de production et de travail (Gonçalves *et al.*). L'accent est mis sur la différenciation entre les coopératives populaires (celles montées sur le principe de l'autogestion) et d'autres, assimilables à de grandes entreprises, mais jouissant d'une législation spécifique. Carleial et Paulista (2008) les avaient qualifiées de « firmes-fraude ». La pratique de la sous-traitance et les coopératives de travail alimentent la zone grise du travail et de l'emploi. Le troisième article aborde la manière dont le nombre important de formes de travail non protégées par le droit du travail peuple la zone grise et compose le panorama brésilien (Silva). Ces formes finissent par engendrer des réglementations explicitées dans des rapports juridiques où règnent l'incertitude, l'insécurité et l'instabilité, ce qui rend le droit du travail producteur d'inégalités entre les travailleurs.

La seconde partie, *Les effets de l'ajustement sur les normes d'emploi et les relations professionnelles. Enseignements de l'exemple brésilien*, convoque les outils de la sociologie du travail et plus spécifiquement des relations professionnelles pour interroger l'évolution des négociations dans divers secteurs d'activité. En toile de fond, les transformations que connaît le travail aujourd'hui. Le Brésil, le Canada et la France fournissent les exemples qui illustrent la thématique.

Les cinq articles de la seconde partie mettent en exergue le jeu des acteurs confrontés à l'évolution des formes de mise au travail. Quels dispositifs mobilisent-ils pour sauvegarder leur autonomie ou leurs acquis ? Quel impact les moyens mis en œuvre ont-ils sur la configuration des normes d'emploi et la teneur des négociations ? Dans une perspective élargie, que nous apprennent-elles sur la façon de concevoir les relations professionnelles dans des univers différents ? Voici quelques pistes empruntées par les auteur-e-s, qui, si elles ne fournissent pas de réponses valables *urbi et orbi*, s'avèrent riches d'enseignements pour comprendre ce qui se passe au Nord et qui rappelle méthodologiquement l'apprentissage par les différences et renvoie à la méthode des cas contrastés (Giraud, 2012).

L'ensemble des articles s'organise autour de quatre axes directeurs, que nous présentons *infra*.

Le premier axe récupère la notion de zone grise, notion en filigrane de tous les articles. Le deuxième, les formes hybrides d'emploi et de travail, aborde les dynamiques mettant en évidence le *continuum* des relations, i.e. le brouillage des frontières censées séparer les situations de travail et, ce faisant, correspondant à la remise en cause des dichotomies « travailleur dépendant » *vs* « travailleur indépendant », « travailleur subordonné » *vs* « travailleur autonome », etc. De tels processus correspondent à une institutionnalisation du flou. Le rapport au droit est interrogé, dans ce que l'on repère à travers l'éviction progressive des syndicats et ce faisant l'émergence d'un nouveau modèle de relations professionnelles. Finalement, le troisième axe pose le rapport entre le collectif et l'individu, pierre angulaire du rôle de l'État et du lien entre normes d'emploi, zone grise et travail, dans leur dynamique d'ajustement.

1. La notion de zone grise : incertitude et espace instituant

La notion de zone grise interroge les relations d'emploi et de travail et insiste sur l'incertitude qui leur est inhérente aujourd'hui, phénomène visible au Nord comme au Sud. Le Sud a tour à tour été considéré comme un laboratoire de ce qui arriverait au Nord (Beck, 2000) ou comme précurseur d'évolutions des formes de mise au travail, quand il n'a pas servi de cobaye à des expérimentations (par exemple, le Chili de Pinochet et des Chicago Boys). Ainsi, l'organisation du travail héritée de la période fordiste mais aussi la façon dont elle a été imaginée ont été mises à mal par les attaques successives aux fondements de l'État-providence et aux systèmes de protection sociale, une constante depuis les années 1980, même si les processus ne sont pas uniformes selon les pays et les périodes (Azaïs, 2016b).

Quelle que soit l'approche scientifique adoptée, la présence d'une zone grise est évoquée – chez les sociologues et économistes (Azaïs *et al.*, 2017 ; Bureau, Dieuaide, 2017) ; les juristes (Supiot, 2000) –, ce qui corrobore l'idée que s'agissant de l'insertion sur le marché du travail, il devient difficile de départager les situations. Un tel état de fait concerne tous les pays, dans des proportions variées, ce qui invite à procéder à des analyses comparatives. L'Italie a souvent été pointée comme terrain précurseur – aussi bien en termes de situations concrètes que de leur analyse (Bologna, Fumagalli, 1997 ; Rullani, 2000, pour ne citer qu'eux) – de ce que d'autres pays européens viendraient à connaître. Cela a encore été en partie le cas avec la réforme du marché du travail menée par le gouvernement Renzi (*Jobs Act*, de 2014), qui a devancé l'adoption fortement controversée de la Loi sur le travail, du gouvernement Valls, en France (août 2016). L'un des volets critiqués porte sur l'individualisation croissante des normes d'emploi. Cela se manifeste à plusieurs reprises dans le texte de la loi et trouve son expression majeure avec le CPA (Compte personnel d'activité), mis en place au 1er janvier 2017. Ce dispositif, « destiné à aider les actifs à construire leur parcours professionnel […] parce que de nouvelles formes d'emploi ont émergé, à la frontière entre salariat et travail indépendant » (http://travail-emploi.gouv.fr/grands-dossiers/cpa/article/le-cpa-en-bref, consulté le 1/2/2017), prend en compte les parcours professionnels de plus en plus hachés, faits de périodes d'emploi, de chômage, de formation, d'inactivité, mais aussi les nouvelles formes de travail, les nouveaux métiers. Dans la lettre, l'intention peut être bonne mais elle ne retient pas le fait qu'il lui sera difficile de faire prévaloir ses droits lorsqu'il se présentera dans un nouvel emploi, ce qui fait qu'ils risquent fort de rester lettre morte.

La notion de zone grise accorde « une importance toute particulière aux processus 'micropolitiques' ou de 'micro-institutionnalisation'… qui, à tous les niveaux et à toutes les échelles, concourent à l'élaboration de nouvelles régulations du travail et de l'emploi » (Bureau, Dieuaide, 2017). Elle est donc l'un des maillons pour comprendre le changement institutionnel que les diverses formes d'emploi et de travail, formes émergentes (Azaïs, 2017) ou pas, dessinent. Diversité des trajectoires, enchevêtrement, superposition d'activités formelles et informelles, l'on est loin d'une vision uniforme de l'univers des relations d'emploi et de travail. La « décohérence entre institutions et pratiques », soulignée par

Bureau et Dieuaide (2017), nous a conduit à qualifier de « grises » les zones que les travailleurs, employés ou employeurs investissent et qui se situent dans les interstices de la loi. Elles sont l'expression de processus d'ajustement, de recompositions où tous les protagonistes, institutionnels, non institutionnels, collectifs, individuels, reconnus ou pas, participent de l'élaboration de nouvelles règles qui affectent les normes d'emploi et de travail. En ce sens, la zone grise s'apparente à un espace « instituant », là où s'expriment la « contestation, la révolte, l'imagination, l'innovation » (Lourau, 1969).

Considérer la zone grise comme espace instituant revient à insister sur l'indétermination radicale, irréductible au rapport des travailleurs entre eux et à l'ensemble des conditions de l'organisation et à la mise en œuvre de leur propre activité. C'est aussi penser que les lieux sont en mouvement, que s'y exprime la dynamique des interactions entre les composantes de l'activité de travail, qui donnent lieu à des déconstructions, des recompositions, de la flexibilité, des formes inédites, etc., autant de mécanismes qui participent de la tentative visant à transcender les dichotomies : employeur/salarié ; salarié/travailleur indépendant ; public/privé ; formel/informel. Ainsi, l'espace instituant apparaît-il comme le résultat de dynamiques propres à la globalisation – marquée par les processus d'uniformisation mais surtout de différenciation – qui soulignent la variété de configurations en rupture ou dans le prolongement des cadres nationaux traditionnels de régulation de la relation d'emploi. Ceci se traduit par l'action d'acteurs multiples – firmes, membres de la société civile, territoires – et de ce fait par un regard enclin à se porter sur les processus « micro-politiques ». Bref, la zone grise indique la dynamique dans l'institutionnalisation de pratiques dans un cadre d'incertitude provenant du jeu des acteurs.

Finalement, l'approche développée par Speroni et Rosenfield sur l'importance des phénomènes migratoires pour saisir les transformations du travail est particulièrement novatrice. Les réflexions sur la zone grise ne peuvent laisser de côté le travail migrant étant donné que la mobilité humaine internationale est l'une des voies interstitielles par lesquelles le travail se transforme. Il en émerge des rapports de/au travail et à l'emploi qui ont été peu pris en compte par la sociologie du travail. Une partie considérable des études de sociologie du travail est marquée par un lien entre le nationalisme méthodologique – *i.e.* la société coïncide avec l'État-nation qui comprend un peuple, un territoire et une culture (Faist, 2010 ; Glick Schiller, 2013) – et une conception du fordisme comme seule norme de travail significative.

2. Les formes hybrides d'emploi et de travail

En ce qu'elle exprime le fait que l'individu soit confronté au cours de sa trajectoire à des combinaisons variées de situations d'emploi et de travail, de contrats de travail, et aussi à des choix multiples, la notion d'hybridation devient une clef de lecture des transformations actuelles des normes d'emploi et de travail. Ces phénomènes peuvent concerner un individu ou un collectif d'individus.

Plusieurs sciences sociales se sont penchées sur la thématique de l'hybridation. C'est principalement le fait ou d'économistes, de sociologues ou d'historiens (Boyer, Freyssenet, 2000 ; Zeitlin, Herrigel, 2000 ; Boyer *et al.*, 1998) qui se sont, chacun à leur manière, emparés de la notion d'hybridation comme étant un résultat de transferts internationaux et d'adaptation de technologies et de pratiques organisationnelles. Ils font tous référence à des modèles productifs mais peu aux mutations de l'emploi et du travail. L'hybridation couvre les transformations opérées dans la relation d'emploi et éclaire la tendance à la prolifération de formes « atypiques » de travail salarié, pointant les statuts divers dans lesquels les individus sont engagés, ce qui bouscule la partition « travail typique » *vs* « travail atypique ». En sociologie du travail, l'hybridation éclaire l'évolution des formes de mise au travail. Elle se rapporte à l'individualisation ou à la collectivisation et souligne l'accroissement des demandes faites aux travailleurs dans le sens d'une plus grande autonomie ou d'une prise plus grande de responsabilités, sans négliger les formes d'injonctions paradoxales dont ils sont victimes. Les juristes, pour leur part, se penchent sur les changements dans la nature des contrats de travail, qui ont conduit les pays européens à s'engager dans deux voies : celle de la législation, dans le but de différencier travail dépendant et travail indépendant (Supiot, 2000), et celle de la jurisprudence (Pélisse, 2009). C'est cette dernière qui, entre autres, a permis récemment aux États-Unis la requalification (*class action*) de camionneurs californiens de travailleurs autonomes en travailleurs salariés (Bensman, 2009). Des procédures diverses, relevant du cas par cas, concernent la plateforme Uber (Azaïs *et al.*, 2017).

L'hybridation s'applique aux processus en cours, elle vise à souligner les dynamiques de l'emploi et du travail. La notion permet d'insister sur l'incertitude quant à leur devenir, mais aussi de se pencher sur les transformations de l'action publique, dans son rapport au droit, aux droits sociaux, aux statuts. Elle correspond en fait à la reconnaissance d'une porosité croissante des frontières de la relation d'emploi, qui empêche de se satisfaire de toute catégorisation binaire opposant subordination et dépendance ou autonomie et hétéronomie. Du point de vue du droit du travail, elle révèle l'infinité des formes de contrats de travail, quand ce n'est pas le même individu qui est soumis à ce traitement, à l'instar de ce qui se passe dans les pays en développement, où fréquemment le travailleur se voit contraint d'accepter plusieurs activités, les unes relevant du salariat, les autres, non, et de ce fait payées au noir (Azaïs, 2007 ; 2003).

Ici, la notion d'hybridation est mobilisée par Mossi, Azaïs et Cappellin. Pour les deux premiers, il s'agit de rendre compte de l'enchevêtrement de formes de mise au travail, de contrats de travail, autrement dit de formes dont les contours sont flous, mouvants, insaisissables mais qui laissent transparaître l'émergence de tendances futures, perceptibles dans le *continuum* des relations d'emploi et de travail. Cappellin s'intéresse au glissement dans le respect des normes aux « formes hybrides de médiation », *i.e.* comment les règles officielles sont faussées et remplacées par des accords de gré à gré entre les parties prenantes, employeurs et employés. L'auteure s'interroge sur la façon dont elles participent du renouvellement des modèles de relations professionnelles dans lequel les syndicats ont tendance à être écartés des négociations au bénéfice du marché. Pour l'auteure, ceci procède d'un « déplacement du conflit d'où sont évincés les travailleurs et leurs instances de représentation ». L'abandon du « paramètre d'exigibilité des droits », l'« expérimentation de l'usage d'un droit fragile » mentionnés par Cappellin attestent d'un changement de paradigme dans lequel le marché vient à occuper l'espace des relations sociales de travail, pesant de ce fait sur la manière dont se produit le glissement de pouvoir du collectif au profit de l'individu.

3. Le rapport entre le collectif et l'individu

La prise sur soi, le fait que l'individu, libéré des contraintes de l'employeur, devienne employeur de lui-même l'oblige à internaliser les contraintes de tout employeur, sans être protégé par le droit comme tout employé. Dès lors, cette situation où l'individu est « libre de s'auto-exploiter » est assimilable à une situation hybride. Ceci rejoint le propos d'Hamraoui pour qui « le déséquilibre et la disproportion définissant la nature des rapports entre l'employeur et l'employé cessent ainsi, dans l'intimité du soi, de pouvoir être corrigés par l'arbitrage du droit. Ainsi, rendu imperceptible, le conflit social n'en demeure pas moins réel, impitoyable et épuisant pour la vie » (Hamraoui, 2013, p. 27). Rappelant Barkat, ce même auteur de souligner, « le travailleur est placé dans la situation de devoir s'habiller de la figure d'un employeur délié des contraintes de la loi. Il n'agirait pas comme s'il était l'employeur, mais bien en tant qu'employeur de lui-même, libéré de toute convention formalisée par le droit » (Hamraoui, 2013, p. 27). Employeur de soi-même mais sans en avoir les moyens, employé de soi-même mais sans bénéficier des protections inhérentes au statut d'employé, telle semble être la quadrature du cercle dans laquelle l'individu est plongé. Cette anomalie trouve une traduction juridique dans la catégorie d'« employeur-salarié », présentée comme une redéfinition du « contrat de travail qui lie chaque entrepreneur-salarié à la coopérative comme une subordination volontaire au collectif, ils voient dans la représentation du personnel une protection contre les différentes formes de dépendance, un moyen d'aider les entrepreneurs-salariés à se protéger d'eux-mêmes, de la précarité intrinsèque au travail autonome, mais aussi de leurs donneurs d'ordres » (Bureau, Corsani, 2015, p. 227-228). De telles situations sont rapportées par Gonçalvez *et al.*, Silva, Carleial & Ferreira.

L'éclatement – ou tout du moins le bouleversement ou l'émiettement – des normes d'emploi oblige à les repenser et à poser le lien entre le collectif et l'individu. La pluralité des normes d'emploi interroge l'idée-même de profession en sapant des statuts qui jusque-là étaient considérés comme sédimentés et semblaient incontestables (Giraud *et al., infra*). A ce titre, le collectif tend à s'effacer sous la prégnance de l'individualisation des relations d'emploi et de travail, manière d'interroger les normes d'emploi, les acteurs et le système de relations professionnelles.

L'ensemble des textes présentés ici privilégie une entrée par les acteurs dans leur confrontation avec des logiques institutionnelles, que l'on pourrait traduire en termes de démarche multiscalaire, i.e. à la fois *bottom up* et *top down*. Ce faisant, la question de l'individu et de sa subjectivité est convoquée, ce qui rend l'échelle micro incontournable pour capter les enjeux des modifications des normes d'emploi et leur impact sur les individus et, en retour, l'intérêt se porte sur la façon dont les individus influent sur la construction, la consolidation et comment ils véhiculent les normes. Ainsi, l'articulation « vie au travail » « vie hors travail » prend une tournure particulière et rend à la subjectivité toute son importance pour saisir les processus à l'œuvre. Cette méthode signe le dépassement des approches structuralistes en sociologie du travail, qui ont marqué les années 1970, ont perduré au Brésil jusqu'au début des années 1990, avec comme conséquence d'oublier le rapport du travailleur et de son corps, ce que dénonce Barkat (2010, cité par Hamraoui, 2013, p. 25 *in* version électronique) comme étant le résultat de la « nouvelle organisation du travail, [mise en place] il y a un peu plus de trente ans, alors que l'État abandonnait peu à peu ses fonctions de régulation de la dissymétrie entre l'employeur et l'employé ». Ainsi, les approches de philosophie et de sciences sociales qui discutent le marxisme (Hamraoui, 2013, Postone, 1993) insistent sur la nécessité de prendre en compte le lien entre l'employeur et l'employé mais aussi la place du droit dans la correction des inégalités entre ces deux protagonistes. « Une analyse critique adéquate au monde contemporain doit être en mesure de saisir à la fois de nouvelles dimensions significatives et la continuité sous-jacente propre au capitalisme », déclare Postone (2012, p. 2). A ces démarches se grefferont les apports de la psychologie sociale, de la psychodynamique, de la sociologie clinique, entre autres, qui placent l'individu au cœur des processus.

Lorsque Giraud, Rey et Rosenfield dans cet ouvrage écrivent « Isoler des mécanismes sociaux qui permettent de comprendre comment les institutions ou les formes collectives analysées produisent du sens du point de vue des acteurs individuels » et « analyse(r) des perceptions individuelles véhiculées par les discours des acteurs sur l'approche des 'formes identitaires' de Dubar », ils corroborent l'importance de l'analyse multiscalaire pour saisir la complexité du rapport entre le collectif et l'individu. L'analyse multiscalaire permet de se saisir l'imbrication des rapports sociaux et l'agencement entre les dimensions micro, méso et macro.

Le renversement de la problématique du collectif vers le sujet et qui fait qu'il revient au sujet de « revendiquer du respect dans l'espace public » et qu'ainsi il devient un être autonome de par la reconnaissance qu'il acquiert des autres, est présent chez Mossi. Une telle assertion interroge le système « classique » de relations professionnelles où la négociation est un acte collectif (accord de branche, etc.) qui se fait sous l'égide d'un syndicat. A partir du moment où les travailleurs sont isolés, soit parce qu'ils travaillent dans des microentreprises et de ce fait n'ont aucune instance de représentation ou parce qu'ils sont autoentrepreneurs, leur capacité de négociation se limite bien souvent à la fixation des rémunérations et, comme l'énonce à juste titre Mossi, « les droits du travail sont relativisés, plus pensés comme faveur que comme droit », ce qui n'est pas sans rappeler le binôme dénoncé par Mathias (1987) opposant « loi de la valeur » et « loi de la faveur », voulant signifier par-là les rapports d'allégeance sur lesquels s'est construit le salariat dans l'état de São Paulo à la fin du XIXe siècle et donnant lieu à une forme hybride de salariat, qualifiée par l'auteur de « salariat restreint ».

Tous les changements relatés *supra* finissent par modifier l'action de l'État en matière de négociation et de médiation entre l'employé et l'employeur.

Au départ, en tant qu'État-providence il protège les individus de manière collective, ce que traduisent les notions de citoyenneté sociale et d'universalité, puis, récemment, c'est sur une base individuelle ou en ciblant des populations qu'il va agir par le biais des *positive actions* (politiques d'activation) provoquant lui-même le basculement du collectif vers l'individualisation des relations d'emploi et de travail ou une situation que l'on pourrait qualifier de méso. Ce faisant, il empiète sur la place occupée jusqu'alors par les syndicats.

En réalité, l'État devient un générateur de gris au même titre que les collectifs et les individus (*cf.* Silva dans cet ouvrage).

Comment sont produites les règles, cet « enjeu central des relations professionnelles » (Bevort, Jobert, 2008) ? Quelle est la légitimité des acteurs et comment arrivent-ils à un moment donné à se mobiliser pour donner vie à leurs revendications ? Telles sont les questions, centrales à notre avis, pour comprendre la « fabrication » des négociations et leur renouvellement.

Pour Mossi, la présence de formes hybrides de mise au travail concourt au déplacement de la conflictualité et à l'émergence de « disputes autour de (nouvelles) valeurs morales communément partagées, qui permettent d'évaluer les mérites et les contributions du sujet ». Ainsi, convient-il de ne pas ignorer les « microluttes quotidiennes » qui viennent s'ajouter à la conflictualité collective. Ce faisant, l'auteure met en exergue la tension inhérente aux formes de mise au travail peu unies – *i.e.* qui ne s'inscrivent pas dans des formes organisées de revendication –, mais qui peuvent être tacitement partagées car « sous la domination des aspirations subjectives » et pour lesquelles le droit peut être opérant ou pas.

Aujourd'hui, le fait que les syndicats[1] aient commencé à s'emparer, tout du moins en France, de la question de la protection des travailleurs indépendants du numérique[2] sonne en quelque sorte le glas de la non reconnaissance des revendications émanant des formes hybrides de mise

---

[1]   La centrale syndicale CFDT française a mis en place une plateforme visant à protéger les travailleurs indépendants, URL : https://www.cfdt.fr/portail/economie-/-developpement-durable/travailleurs-des-plateformes-collaboratives-des-droits-aconstruire-srv1_388468, consulté le 24 janvier 2017.

[2]   Article 60 Loi n° 2016-1088 du 8 août 2016 relative au travail, à la modernisation du dialogue social et à la sécurisation des parcours professionnels (1). L'« art. L. 7342-6 stipule : Les travailleurs mentionnés à l'article L. 7341-1* bénéficient du droit de constituer une organisation syndicale, d'y adhérer et de faire valoir par son intermédiaire leurs intérêts collectifs. ». Pour sa part, dans l'art. L. 7341-1, il est stipulé : « Le présent titre est applicable aux travailleurs indépendants recourant, pour l'exercice de leur activité professionnelle, à une ou plusieurs plateformes de mise en relation par voie électronique définies à l'article 242 bis du code général des impôts.

au travail. Comme l'affirme Mossi, à propos des accords à caractère redistributif, ils ne sont pas uniquement du ressort de l'État et « sont faits à travers des négociations individuelles qui sont simultanément traversées par des règles collectives subissant constamment des tensions », ce qui illustre bien l'aspect multiscalaire des négociations. L'on en vient à se demander si le monde du travail peut se passer aujourd'hui des conquêtes collectives en matière de redistribution, de droits, de sécurité et de stabilité de l'emploi et être, comme se le demande Mossi, « une source de justice sociale dans le sens de l'intégration des individus à un ensemble de valeurs morales partagées qui permettent la lutte pour la reconnaissance ». La remise en cause en interne du rôle du syndicat semble indiquer que le collectif n'a pas dit son dernier mot en matière de défense des intérêts des travailleurs.

Les interrogations apportées par cet ouvrage sont multiples. Bien heureusement, de nombreuses pistes nous aident à comprendre les contours de ce monde du travail qui s'est construit au cours des trente dernières années. Nous espérons avoir modestement contribué à poser quelques questions dont s'empareront des collègues qui, par leurs nouvelles contributions, viendront compléter l'ensemble des articles présentés ici et éclairer le chemin que nous avons tracé.

Bibliographie

Azaïs Christian, 2017, « Figures émergentes : la zone grise de l'emploi en questions », Actes des 15èmes Journées internationales de sociologie du travail, 11-13 mai 2016, Athènes, Université Panteion, à paraître.

Azaïs Christian, 2016, « Luta contra o desemprego e a pobreza, qual segmentação em curso ? Exemplos europeus e brasileiro em perspectiva » (« Luttes contre le chômage et la pauvreté, quelle segmentation à l'œuvre ? Une mise en perspective d'exemples européens et brésilien »), *Contemporânea*, Universidade Federal de São Carlos, São Carlos, Brésil, *Les politiques sociales au-delà du travail : regards croisés sur la production/reproduction sociale (Brésil et Amérique latine)*, vol. 6, n° 1, janvier-juillet, p. 1-23.

Azaïs Christian, 2011, « Hybridation : quelques notes », Communication au Colloque ZOGRIS : *Existe-t-il une zone grise comparable entre marchés du travail au Sud et au Nord : la relation d'emploi en question ?*, Programme ANR Métamorphoses de sociétés. Inégalité, inégalités, 8-10 décembre, Paris.

URL : https://www.legifrance.gouv.fr/eli/loi/2016/8/8/ETSX1604461L/jo/article_60, consulté le 24 janvier 2017.

Azaïs Christian, 2003, « Formes de mise au travail hybridation et dynamique territoriale », *Revue d'Économie Régionale & Urbaine*, 3, juillet, p. 379-394.

Azaïs Christian, Carleial Liana, 2007, « Mercados de trabalho e hibridização : uniformidades e diferenças entre França e Brasil », *in* Cappellin Paola, Azaïs Christian (dir.) *Globalização e Trabalho : perspectiva comparativa entre Norte e Sul*, Caderno CRH, Salvador, Universidade Federal da Bahia (Brésil), vol. 20, n° 51, setembro/dezembro, p. 401-417.

Azaïs Christian, Dieuaide Patrick, Kesselman Donna, 2017, « Zone grise d'emploi, pouvoir de l'employeur et espace public : une illustration à partir du cas Uber », *Relations industrielles / Industrial Relations (RI/IR)*, n° 72-3, à paraître.

Beck Ülrich, 2000, *The Brave New World of Work*, Oxford, Polity Press.

Bensman David, 2009, « Port Trucking Down the Low Road : a Sad Story of Deregulation », New York, *Démos,* p. 1-19.

Bevort Antoine, Jobert Annette, 2008, *Sociologie du travail : les relations professionnelles*, Paris, Armand Colin.

Bologna Sergio, Fumagalli Andrea, 1997, « Dieci tesi per la definizione di uno statuto del lavoro autonomo », *in* Bologna Sergio, Fumagalli Andrea, *Il lavoro autonomo di seconda generazione. Scenari del postfordismo in Italia*, Milano, Feltrinelli, p. 16-23.

Boyer Robert, 1994, « Vingt propositions sur l'hybridation des modèles productifs. Une analyse des transplants japonais et une mise en perspective de la diffusion du fordisme », *Actes du GERPISA* (Groupe d'étude et de recherche permanent sur l'industrie et les salariés de l'automobile), n° 11, novembre.

Boyer Robert, Charron Elsie, Jürgens Ulrich, Tolliday Steven, 1998, « Hybridization and Models of Production : Geography, History, and Theory », *in* Boyer Robert, Charron Elsie, Jürgens Ulrich, and Tolliday Steven (dir.), *Between Imitation and Innovation*, Oxford University Press, p. 23-56.

Boyer Robert, Freyssenet Michel, 2000, *Les* modèles *productifs*, Paris, La Découverte, collection « Repères ».

Bureau Marie-Christine, Corsani Antonella, 2015, « Les coopératives d'activité et d'emploi : pratiques d'innovation institutionnelle », *Revue Française de Socio-Économie*, 1, n° 15, p. 213-231.

Bureau Marie-Christine, Dieuaide Patrick, 2017, « Changement institutionnel et transformations des normes de travail et d'emploi. Une analyse en termes de 'zones grises' », *Transfer*, à paraître.

Carleial Liana, Paulista Adriane, 2008, « Economia Solidária : uma utopia transformadora ou política de controle social ? », *in* Gediel José Antônio Peres, UFPR, Estudos de Direito Cooperativo e Cidadania, Curitiba, Programa de Pós-Graduação em Direito da UFPR, n° 2, p. 9-40.

Faist Thomas, 2010, « Transnationalization : Its Conceptual and Empirical Relevance », *in* Audebert Cédric, Dorai Mohamed Kamel (dir.), *Migration in a Globalized World : New Research Issues and Prospects*, Amsterdam, Amsterdam University Press, p. 79-106.

Giraud Olivier, 2012, « Les défis de la comparaison à l'âge de la globalisation : pour une approche centrée sur les cas les plus différents inspirée de Clifford Geertz », *Critique internationale*, n° 57(4), p. 89-110.

Glick Schiller Nina, 2013, "The Transnational Migration Paradigm", *in* Halm Dirk, Sezgin Zeynep (éd.), *Migration and Organized Civil Society : Rethinking National Policy*, New York, Routledge, p. 25-39.

Hamraoui Eric, 2013, « Travail vivant, subjectivité et coopération ; aspects philosophiques et institutionnels », *Nouvelle revue de psychosociologie*, n° 15, 1, p. 59-76 [En ligne], URL : www.estsup.com/IMG/produictif_Hamraoui.pdf, consulté le 21 septembre 2016.

Lourau René, 1969, *L'instituant contre l'institué*, Paris, Editions Anthropos.

Mathias Gilberto,1987, « État et salarisation restreinte au Brésil », *Revue Tiers-Monde*, n° 110, avril-juin, Paris, IEDES/PUF, p. 333-346.

Pélisse Jérôme, 2009, « Judiciarisation ou juridicisation ? Usages et réappropriations du droit dans les conflits du travail », *Politix*, 2, n° 86, p. 73-96.

Postone Moishe, « Repenser Le Capital à la lumière des Grundrisse », *Variations* [En ligne], 17 | 2012, mis en ligne le 15 octobre 2012, URL : http://variations. revues.org/382, consulté le 04 septembre 2016.

Rullani Enzo, 2000, « Lavoro e sindacato nella società post-fordista » [En ligne], URL : http://www.rassegna.iUarchivio/2000lgranditemi/luglio-dicembre/ rollani2.htm, consulté le 3 mars 2003.

Supiot Alain, 2000, « Les nouveaux visages de la subordination », *Droit Social*, n° 2, p. 131-145.

Zeitlin Jonathan, Herrigel Gary (dir.), 2000, *Americanization and its Limits. Reworking US Technology and Management in Post-War Europe and Japan*, Oxford, Oxford University Press.

PARTIE 1

DROIT DU TRAVAIL, FORMATS ORGANISATIONNELS ET INÉGALITÉS
LE BRÉSIL EN EXERGUE

Droit du travail et institution de (nouvelles) inégalités dans le Brésil contemporain

Sayonara Grillo Coutinho Leonardo da SILVA[1]

Professeure de Droit de l'Université fédérale de Rio de Janeiro (UFRJ)

Introduction

Les reconfigurations du travail de ces quarante dernières années ont redessiné le monde du travail contemporain et transformé les caractéristiques du salariat qui accompagnent les processus de mondialisation, de mutation du capitalisme et de restructuration de l'après-fordisme. La relation standard d'emploi subordonné, protégé et intégré de manière continue aux entreprises cohabite avec une multiplicité d'autres types de mises au travail issus d'une myriade de transformations productives (Silva, 2008b). Elles sont stimulées par le renforcement des pouvoirs privés promus dans le contexte de la mondialisation et de la croissance du néolibéralisme, avec l'augmentation des formes de travail précaires, typiques et atypiques. En toile de fond, la flexibilisation, entendue comme un vaste processus relié aux transformations économiques du capitalisme, atteint des marchés et des processus de travail, des produits et des normes de consommation où prévalent le flux financier et le capital volatile, dont la fluidité s'étend à un ensemble de relations sociales. Elle est aussi stratégie de modification des conditions de travail avec l'introduction de techniques de flexibilité internes et externes appliquées aux relations de travail.

Si dans un premier temps cette reconfiguration peut être expliquée en termes de segmentation et de dualisation du marché du travail, elle possède un degré de complexité avec l'*hybridation* des formes de mise au travail (Azaïs, 2004) qui dérange les frontières traditionnelles entre travail et activité ; on assiste à une désegmentation sur le marché en raison de la tendance à la dilution des liens existants au niveau des postes de travail

---

[1]   Texte traduit par Monsieur Pascal Reuillard, pascalr@terra.com.br. L'ensemble des citations issues d'ouvrages en langue portugaise a été traduit par nous.

(Azaïs, 2004)[2], avec l'émergence de nouvelles pratiques qui dépassent la capacité explicative d'anciens binômes conceptuels (légal/illégal, formel/informel, autonome/subordination, protégé/non protégé). Les *frontières mouvantes* indiquent le besoin de réflexion sur les spécificités des relations entre capitalisme et salariat (Azaïs, 2012). Les divergences qui apparaissent sont liées à des *phénomènes* qualifiés de *zones grises du salariat*, en rapport avec les dérogations de normes et la naturalisation de l'« atypique », de telles caractéristiques sont un « trait dominant de la norme d'emploi et de la réglementation du travail » (Azaïs, 2012, p. 175-176). Il convient de noter que les études effectuées autour de l'élaboration de la notion de « zones grises » diffèrent de ce que la doctrine juridique nomme la zone grise des relations de travail, que Gomes et Gottschalk (2000) définissent ainsi : des activités professionnelles qui peuvent être classées comme des relations d'emploi (salarié et encadré par le droit du travail) ou des relations de travail (autonomes, en dehors de la législation sur la protection de l'emploi), selon les caractéristiques juridiques spécifiques du mode de travail. Dans une perspective sociologique, l'objectif est de comprendre les zones grises comme des marqueurs des « évolutions et des altérations récentes des normes de travail », qui qualifient les « marchés contemporains » (Azaïs, 2012, p. 176). Il ne s'agit donc pas d'admettre la centralité du non-salariat mais celle de la reconfiguration du salariat et de ses frontières.

Reconfigurer le travail à partir de la (des) zone(s) grise(s) bénéficie d'une polysémie de phénomènes et d'approches qui permettent de comprendre sa complexité, sans perdre de vue la précarisation et son lien avec l'inégalité qu'il alimente et instaure. Dans ce sens, la précarisation est un processus qui se situe au-delà de la totalité des travailleurs ; elle est indépendante du statut juridique correspondant – à des intensités qui varient selon la situation –, déstabilise les emplois stables et constitue une menace pour tous les employés (Appay, 1997, p. 512, *apud* Thébaud-Mony, Druck, 2007, p. 31).

Dans un tel contexte, cet essai propose de contribuer à la compréhension des configurations normatives des zones grises du salariat au Brésil en

---

[2]   « Désegmentation n'est pas synonyme de simplification ou d'unification, mais plutôt d'hybridation des formes de mise au travail, qui correspond à la complexité inhérente au marché du travail post-fordiste. […] L'hybridation se caractérise par un bouleversement des frontières entre les formes d'insertion des individus au travail. Elle s'exprime à travers l'émergence d'une foultitude de situations de travail qui ont pour effet d'opacifier la dichotomie – dépassée maintenant – entre travail protégé et travail non protégé, propre aux théories de la segmentation et qui, de plus, ont un impact sur les formes de contrat de travail liant employeurs et salariés ou indépendants » (Azaïs, 2004, p. 174).

effectuant un bref inventaire des modifications législatives qui expliquent des relations juridiques marquées par l'incertitude et par l'insécurité, ainsi que des statuts professionnels qui montrent l'institutionnalisation intrinsèque à la précarisation sociale[3] pour, finalement, poser la problématique des relations entre droit du travail et inégalité.

1. Droit du travail, égalité et inégalité

Nous partons de l'hypothèse que les réformes du Code du travail des trois dernières décennies suggèrent des changements de relations entre le droit du travail et l'égalité. Traditionnellement caractérisé par l'absence d'universalité au niveau du régime de protection des relations d'emploi et un système de double expulsion en matière de faits et de normes[4], le marché du travail brésilien a vécu des transformations normatives paradoxales : d'un côté, la logique de la reprivatisation des relations de travail et de la flexibilisation du droit a engendré la perte « de la capacité séductrice du régime du salarié » (Ramos Filho, 2012) ; de l'autre, la démocratisation qui a permis l'extension des droits du travail pour les travailleurs domestiques et ruraux, segments traditionnellement à l'écart des protections normatives au Brésil.

Les paradoxes observés dans les reconfigurations institutionnelles ont lieu dans un contexte de plus grande précarisation. Le travail subordonné est atteint par l'instabilité normative et par la multiplication des statuts juridiques qui le régulent.

Lorsque le droit du travail est considéré comme un système de règles qui n'établit des droits que pour les sujets inclus dans des relations d'emploi (caractérisées par la subordination juridique, la non-éventualité, le caractère onéreux et la présence de la personne), l'inégalité entre travailleurs est présente déjà dans la relation d'inclusion/exclusion de cet ordonnancement. Toutefois, des spécificités nationales doivent être reconnues, y compris devant la perception singulière qu'une telle inégalité a composé la sociabilité des classes ouvrières qui aspiraient à l'intégration. Au Brésil, les travailleurs

---

[3]   Voir les études réunies dans le dossier *Trabalho, emprego e precarização social* publié dans le n° 12 de la revue *Sociologias*, 2010. Des études qui s'articulent sur la question de la précarisation sociale comme double institutionnalisation de l'instabilité (Rosenfield, 2010), sur la fragmentation des normes d'emploi en Europe (Giraud, Chevalier, 2010) et aux États-Unis (Kesselman, 2010).

[4]   Sur la faible effectivité sociale des normes de travail au Brésil, *cf.* Cardoso et Lage (2007). Les exclusions sur le plan normatif seront examinées *infra*.

ont accédé très différemment aux protections établies par le droit du travail, avec le maintien de certains dans des zones frontalières et de salariés dans des régimes inégaux. La norme établie par la Consolidation des Lois du Travail[5] [CLT – *Consolidação das Leis do Trabalho*] ne concernait pas les travailleurs autonomes, pas plus que les services à la personne et les emplois ruraux (la plupart de la main-d'œuvre occupée à l'occasion de son édition en 1943). C'est seulement avec la Constitution de 1988 que l'égalité de droits entre travailleurs urbains et ruraux, entre travailleurs occasionnels et salariés, devient une directive. Pour les services à la personne, cette égalité des droits a seulement été reconnue sur le plan constitutionnel avec l'Amendement n° 72 du 2 avril 2013.

Au lieu d'identifier le droit du travail comme une branche qui engendre des privilèges, à l'exemple de ce qui s'est produit avec les processus de délégitimisation et de culpabilisation dans des pays centraux au cours des dernières décennies (Castelli, 2014), le Brésil a connu la situation suivante :

> une fois instituée, la législation sociale est devenue objet réel d'aspiration des masses dépossédées de ressources et de droits parce qu'elle a précisément été présentée comme un ensemble de droits, et non de privilèges. La littérature la plus récente sur le sujet a partiellement raison quand elle affirme que pour beaucoup de travailleurs, ceux qui ont réussi à être titularisés pour accéder au monde de la citoyenneté régulée *paraissaient* privilégiés. Mais comme cette position était idéalement accessible à tous ceux qui obtenaient leur livret de travail[6], le privilège se transformait immédiatement en aspiration légitime, et l'accès à cette position *en conquête*, désormais dans un environnement régi par le droit et non pas par le privilège (Cardoso, 2010, p. 238).

La complexité des intersections entre égalité et inégalité est constitutive de cette branche juridique formée à partir de la reconnaissance de la profonde inégalité des faits intrinsèques aux relations sociales de salariat. L'égalité est une des idées maîtresses du droit du travail. Elle est destinée à aplanir des situations d'inégalités économiques et sociales, et non à obtenir des uniformisations qui escamotent la tutelle nécessaire de la différence (Baylos, 1999). Néanmoins, les processus qui ont conduit le droit du

---

[5]   N.d.T. : La CLT statue notamment sur les normes qui régulent les rapports individuels et collectifs de travail. La CLT régit aussi les rapports de travail dans les entreprises privées brésiliennes et se matérialise par la *Carteira de Trabalho*, Livret de travail, véritable passeport où sont consignés tous les emplois par lesquels est passé l'individu. Désormais « CLT » dans le texte.

[6]   N.d.T. : *cf.* note 5.

travail à une *crise de désagrégation* (Baylos, 1999, p. 48) ont fait de lui un espace normatif traversé par de nouvelles inégalités.

On n'ignore pas que la relation entre le droit du travail et l'inégalité est présente depuis la constitution de cette branche, qui est née en dénonçant l'égalité formelle du droit civil et en reconnaissant l'inégalité factuelle du travail. De l'avis de Supiot (2007),

> l'inégalité qui résulte de ce lien a une signification particulière : il s'agit d'une relation, et non pas seulement d'une situation, inégalitaire ; et il s'agit d'une inégalité instituée par le droit, et non pas d'une situation de fait ignorée ou combattue par lui. Dans le rapport hiérarchique, c'est l'inégalité et non l'égalité qui fait ainsi figure de principe juridique constitutif (Supiot, 2007, p. 115).

Mais si la « notion d'inégalité a toujours servi en droit du travail à désigner des situations de fait qui appellent des correctifs juridiques » (Supiot, 2007, p. 114), la notion d'inégalité qui nous intéresse ici est inverse : celle d'un droit qui promeut/organise de nouvelles inégalités.

La relation entre droit et inégalité s'inscrit dans : (a) un point de référence conceptuel qui comprend la fonction de distribution de pouvoir assumée par le droit du travail, qui acquiert des caractéristiques de la médiation de rapports de production et se caractérise par une ambiguïté constitutive en conservant des relations capitalistes alors qu'elle assure des protections des droits du travail ; (b) un contexte global de transfert de revenu auparavant distribué des travailleurs dans ce nouveau cycle d'accumulation de capital et de plus grande concentration de pouvoir (Harvey, 2008).

Nous pensons que les réformes du droit du travail à l'origine des formules de flexibilité interne (dans les conditions d'embauche, de durée et de temps de travail) et de flexibilité externe (en modifiant les formes d'engagement, avec une re-civilisation de liens de travail qui ont permis la création de relations trilatérales, comme la sous-traitance de services) ont instauré un régime d'inégalité entre des emplois égaux ou similaires. Avec les réformes du droit du travail orientées par les politiques néolibérales, l'État, via la législation, introduit des différenciations normatives qui distinguent et fragmentent des collectivités et des catégories professionnelles. Les vulnérabilités (et incertitudes) qui caractérisaient auparavant les prestations de service autonomes et civiles configurent aussi désormais les relations d'emploi.

En outre, les changements de l'organisation du travail peuvent renforcer des formes stéréotypées de relations sociales de sex*e*, avec de nouveaux *nomadismes sexuels* dans le temps (femmes) et dans l'espace (hommes), comme l'observe Kergoat (2009, p. 74). Tandis que de nouvelles tutelles antidiscriminatoires et d'égalité d'opportunités sont créées pour surmonter les inégalités issues de la division sexuelle du travail, paradoxalement, les inégalités au niveau de l'emploi et du régime de droits augmentent conformément au sexe parce que « la flexibilité est sexuée » (Cattanéo, Hirata, 2009, p. 109).

Les disparités existantes sur le marché du travail post-dualisation permettent des lectures qui associent la grande inégalité économique du monde actuel aux disproportions internes aux revenus du travail et aux politiques publiques. Pour Piketty (2013), la réduction des inégalités est le résultat des guerres et des politiques publiques, alors que l'ascension des inégalités dans les années 1970 et 1980 provient des changements politiques. Tout indique que le droit du travail et son universalisation dans la période d'après-guerre peuvent être compris comme une de ces politiques publiques qui ont contribué à la réduction des inégalités : « L'histoire des inégalités dépend des représentations que se font les acteurs économiques, politiques, sociaux, de ce qui est juste et de ce qui ne l'est pas, des rapports de force entre ces acteurs, et des choix collectifs qui en découlent ; elle est ce qu'en font tous les acteurs concernés » (Piketty, 2013, p. 47).

Piketty observe que pour saisir la croissance de l'inégalité au XXIe siècle, il faut examiner la manière dont les bénéfices sont appropriés, comprendre que le monde du travail n'est plus homogène et que les revenus différenciés du travail contribuent également à la formation des inégalités (Piketty, 2015). La menace contre les valeurs démocratiques apparaît quand la rémunération du capital extrapole les taux de croissance du revenu et de la production, avec la production d'« inégalités arbitraires, indéfendables ». C'est ce qu'affirment très justement Carleial et Ferreira (2015)[7] quand ils relient l'inégalité de revenus du travail à la sous-traitance de services, à la

---

[7]   Carleial et Ferreira observent que Piketty n'a pas analysé le Brésil dans son ouvrage, un pays qui ne met pas à disposition les données sur le patrimoine de ses citoyens et ne permet pas « que soit évalué le comportement de la richesse et du revenu de sa population. Il y a certainement différents niveaux d'analyse, car quand nous parlons de travailleurs en sous-traitance *versus* travailleurs directs des entreprises, nous parlons seulement de revenu du travail et non de patrimoine et de richesse. Cependant, la différence salariale qui s'établit entre les deux groupes peut être identifiée comme un élément d'augmentation d'inégalités au fil du temps. Pour tout ce qui a été discuté jusqu'ici, il est évident que la sous-traitance de la force de travail a été et est un des outils utilisés par le capitalisme pour renouveler les possibilités de bénéfices et, donc, prolonger la survie du capital » (Carleial, Ferreira, 2015, p. 11-12).

fois *expression de l'inégalité et mécanisme producteur de plus d'inégalité*. Au Brésil, la discrimination des employés de la sous-traitance se vérifie par la disparité salariale, par un régime de droits conventionnels et de conditions de travail réduit et par une incidence disproportionnée d'accidents du travail et de maladies professionnelles (Coutinho, 2015).

La formation des zones grises et des nouveaux types d'embauche entraîne d'autres absences de protections, en particulier dans des contextes de dépolitisation et d'individualisation des relations de travail. Les changements vécus par le droit du travail doivent être compris comme des expressions des demandes patronales de flexibilité et de « liberté d'embauche ». D'où l'intérêt d'analyser les régulations qui contribuent à l'augmentation des zones grises du/dans le salariat au Brésil et promeuvent, indirectement, l'inégalité.

2. Zones grises ou frontalières : réformes législatives et modifications jurisprudentielles

Les multiples visages du monde du travail et la reconfiguration des zones grises du salariat peuvent être comprises par le biais d'une grille qui croise les aspects institutionnels et les relations collectives sans laisser de côté les ressources et les capacités (Giraud, 2014). Dans l'espace limité de cet essai, nous mettrons l'accent sur certaines inégalités occasionnées par/dans l'ordonnancement juridique étatique.

Même si l'emploi demeure une caractéristique typique et centrale[8], la relation d'emploi se fragmente et la constitution de zones grises soulève de nouveaux défis pour la régulation juridique du travail brésilien. En résumé, il s'agit ici de dresser un bref inventaire : (1) des relations de travail qui s'éloignent du régime standard d'emploi de la CLT, seulement applicable de manière subsidiaire par une différenciation légale manifeste (comme c'est le cas du travailleur occasionnel, des services à la personne et des emplois ruraux) ; (2) des cas où il y a une incertitude sur la

---

[8]   D'après l'Institut de recherche économique appliquée (IPEA), en 2015 le niveau d'informalité moyenne de la population active était de 32,5 % (travailleurs autonomes, sans livret de travail et non rémunérés). La différence de revenus reçus par les employés titulaires d'un livret de travail et les travailleurs autonomes était de 36,3 en 2004 et 7,8 % en 2015. L'inégalité est accentuée et oscillante entre les travailleurs avec et sans lien d'emploi reconnu (en 2004, le différentiel était de 67,5 %, en 2014, 32 %). *IPEA. Boletim Mercado de Trabalho. Conjuntura e Análise* n° 58, Abril 2015 [En ligne], URL : www.ipea.gov.br/portal/images/stories/PDFs/mercadodetrabalho/bmt_58_analise. pdf, consulté le 3 mai 2015.

nature de la relation existante, que ce soit en raison d'une occultation/ fraude du lien professionnel (comme l'on observe dans les secteurs de la communication, avec les journalistes, les artistes, les professionnels de la radio ou de la télévision, etc. et du transport de charge) ou de la réelle ambiguïté du mode de prestation (comme chez les représentants de commerce, les vendeurs immobiliers, les courtiers en assurances, les avocats, les prestataires de service dans le domaine de l'informatique qui exercent des activités en régime de télétravail) ; (3) des cas de coopératives de travail, de service, de stages d'étudiants, avec des restrictions légales relatives. Les hypothèses à propos de la sous-traitance feront l'objet de notre attention (section 2.4), car elles transforment la nature bilatérale de l'emploi en introduisant des configurations trilatérales (avec le biais des agences de travail temporaire ou des contrats d'apprentissage) ou triangulaires, comme celles permises légalement ou introduites par la réinterprétation jurisprudentielle des tribunaux du travail et qui ont élargi la sous-traitance en activités de soutien et en organisations sociales délivrant des prestations de service aux pouvoirs publics. Il est important de signaler que la liste n'est pas exhaustive et ne prétend en aucun cas proposer une taxinomie juridique.

Les formulations juridiques classiques du droit du travail utilisent le critère du travail effectué pour soi-même ou pour le compte d'autrui pour inclure ou exclure l'activité professionnelle au sein de ses frontières. Au Brésil, il existe une correspondance entre la relation factuelle d'emploi (articles 2, 3 et 6 de la CLT) et le contrat d'emploi ou contrat de travail (articles 442 et 444 de la CLT). Indépendamment de l'élément volitif, un lien d'emploi existe et peut être reconnu judiciairement ou encadré administrativement pour des effets fiscaux et de fiscalisation du droit du travail, et ce même si les parties ne le désirent pas étant donné que le contrat de travail est un ajustement tacite ou manifeste, la conséquence d'un ordre public social qui ne peut être dérogé. La « signature du livret de travail » formalise une relation d'emploi et permet l'accès aux droits assurés par la CLT.

Toutefois, les fonctionnaires soumis au statut de la fonction publique, les travailleurs portuaires occasionnels, les travailleurs ruraux et ceux du service à la personne n'ont pas été inclus dans la CLT après la reconnaissance constitutionnelle d'isonomie et alors qu'ils possédaient toutes les caractéristiques factuelles typiques des relations d'emploi. Même s'ils sont subordonnés dans une relation juridique typique de salariat et que les nouvelles normalisations d'inclusion ont établi de véritables microsystèmes normatifs (comme la LC n° 150/2015, pour les services à la personne), de fortes inégalités persistent dans le régime de droits[9]. L'inégalité existante pour les services à la personne perdure en raison de la différenciation juridique (entre ceux qui travaillent à la journée et ceux qui travaillent trois jours ou plus par semaine, les premiers étant exclus du régime légal) et économique (faible rémunération et niveau de formalisation).

Peu étudié et non classifié ou comptabilisé dans le pays, un autre contingent expressif de distinctions dans les relations d'emploi surgit avec les collectivités de travailleurs embauchés sans concours public par les organismes de l'administration publique fédérale, régionale et municipale, directe et indirecte. Judiciairement, les contrats sont déclarés nuls et les titulaires privés de tout droit à l'exception du salaire horaire et des versements sur le fonds de garantie[10]. Il s'agit d'une modalité d'exclusion juridique instaurée par l'action du Ministère public et des entités étatiques, ainsi que par l'interprétation judiciaire[11].

Un deuxième type d'exclusions concerne les cas de non-application de la législation du travail (fraudes et dissimulation) et les cas d'incertitude ou d'ambiguïté réelle. La « décaractérisation » de la relation d'emploi peut être provoquée par une simple non-exécution ou une exclusion normative. Les relations de travail laissées de côté par la loi de la protection du travail, avec une déclaration légale d'inexistence du lien professionnel, sont très nombreuses. Néanmoins, l'exclusion légale est relative. La fiscalisation du travail peut infliger des amendes aux entreprises qui embauchent des travailleurs de manière irrégulière et le droit du travail peut reconnaître le lien d'emploi et déterminer des réparations.

---

[9]   *Cf.* Loi n° 5889/73 sur le travail rural. Les travailleurs occasionnels [*avulsos*] exercent des activités de mouvement de marchandises par l'intermédiaire des syndicats ou d'organismes gestionnaires. Ils sont régis par les lois n° 12023/2009 ou 9719/1998 et 12815/2013. La première loi sur le service à la personne (loi n° 5859/1972) a été remplacée en 2015 par la Loi Complémentaire LC n° 150. Actuellement, seuls 32,3 % des employés ménagers sont déclarés (IBGE, 2015). Le concept de *travail pour la famille* inclut dans cette catégorie un grand nombre de professions, qui va des nounous aux pilotes d'hélicoptères (Azaïs, 2010).

[10] Il s'agit du FGTS – *Fundo de garantia por tempo de serviço* –, fonds d'épargne créé par l'employeur, représentant 8 % du salaire versé à l'employé. Ce fond est associé à une indemnité de licenciement, il peut aussi servir à l'acquisition d'une résidence ou lorsque l'employé-e se marie.

[11] Le secteur financier a obtenu de la Banque centrale du Brésil une réglementation qui permet la délégation d'activités d'emprunt et de financement à des tiers, grâce à l'institution d'une figure d'entrepreneur nommée « correspondant bancaire » sous une modalité de sous-traitance atypique (*cf. Súmula* 363 du Tribunal Supérieur du travail et *Acórdãos* du Tribunal Suprême fédéral, ADI 3127 et RE 705 140 et 596 478).

Un relevé effectué en droit du travail sur le lien d'emploi et les zones grises montre l'existence du caractère litigieux des relations établies dans les secteurs des médias et de la radiodiffusion, les emplois de banque, les services, les établissements hospitaliers[12], le transport de charges[13] et beaucoup d'autres[14]. Les exemples sont fréquents où des professionnels réglementés ou le ministère du Travail demandent à la justice une reconnaissance d'un lien d'emploi à cause de fraudes dans les secteurs de travail des communications. Des fraudes stimulées à la fois par des aspirations légitimes d'autonomie et par les réductions des charges sociales et fiscales, avec l'embauche de personnes morales (« *pejotização* »)[15]. Il en est de même pour les professions dont les spécificités des activités peuvent acquérir des caractéristiques autonomes ou subordonnées, à l'exemple des agents immobiliers, des représentants commerciaux, etc.

La constitution de cette zone grise brésilienne recherche sa légitimation dans un discours juridique qui repose sur la volonté, le choix et la liberté des sujets, avec l'érosion des notions structurantes du système de travail fondé sur l'idée d'ordre public, de nature impérative et indispensable de la relation d'emploi, indisponible pour les parties. Toutefois, le caractère

---

[12]   Pour connaître la décision qui reconnaît le lien d'emploi en zone grise et examine l'inexistence de la figure du « parasubordonné » au Brésil, *cf.* TRT-3-RO : 00546200709103000 0054600-39.2007.5.03.0091, Rapporteur Luiz Otávio Linhares Renault, *Quarta Turma*, Date de la publication : 23/02/2008 DJMG, p. 16.

[13]   L'instabilité de la réglementation de la profession de chauffeur de transport routier, modifiée après des grèves et des blocages routiers, peut être observée par les multiples règles. L'admission du transport routier de charges par des sous-traitants (un chauffeur autonome ou une entreprise de transports) et l'exclusion des relations issues du contrat établi entre le transporteur autonome et son assistant ou entre le transporteur autonome et le chargeur ne caractérisent pas le lien d'emploi (*cf.* Lois n° 11442/2007, n° 12619/2012 et n° 13103/2015).

[14]   La Loi n° 11685 de 2008 montre la pluralité des régimes qui caractérisent l'action de législation centrée sur l'activité et non sur la relation d'emploi. En instituant le Statut de l'Orpailleur [*Garimpeiro*] comme une personne physique « qui réalise individuellement ou en association des activités d'extraction/prospection de substances minérales par des modalités diverses de travail telles que : I. Autonome ; II. En régime d'économie familiale ; III. Individuel, avec formation de relation d'emploi ; IV. Avec un contrat de partenariat, par un document particulier enregistré chez le notaire ; V. En coopérative ou autre forme d'associativisme ».

[15]   *Cf.* article 129 de la Loi n° 11196 du 21/11/2005 : « La prestation de services intellectuels, y compris ceux de nature scientifique, artistique ou culturel, à caractère personnel ou non, avec ou sans désignation d'obligations envers des partenaires ou des employés de la société prestataire de services, lorsqu'elle est réalisée par cette dernière » équivaut à celle des personnes juridiques aux yeux des services fiscaux et de la Sécurité sociale.

atypique ne récupère pas positivement la liberté individuelle et le processus d'individualisation des relations de travail signifie l'augmentation démesurée d'espaces unilatéraux de pouvoir de l'employeur : un tel contrat est le « *symbole d'une inégalité radicale* » (Baylos, 1999, p. 110) parce qu'il mène à la privation des droits du travail, à l'absence de promotions et de garanties syndicales, à la réduction de droits sociaux et à l'augmentation des espaces de pouvoir entrepreneurial ou à l'expression d'un travailleur « sursubordonné » – pour reprendre l'expression de Souto Maior. Pour cet auteur, il ne s'agit pas d'un

> type spécifique de travailleur. C'est la désignation du travailleur dans n'importe quelle relation d'emploi, dont la citoyenneté a été niée par le non-respect délibéré et inexcusable de ses droits constitutionnellement consacrés. Celui que l'on nomme « parasubordonné » est presque toujours en réalité un « sursubordonné » (Souto Maior, 2008).

Parmi les paradoxes qui découlent de la multiplicité de formes de travail dans des zones grises expulsées des frontières protégées du droit, il faut également évoquer le mouvement autour du travail en coopérative et des stagiaires. À l'apogée de la période néolibérale, la dissémination de la pratique d'utilisation frauduleuse d'une main-d'œuvre bon marché et sans droits par les coopératives de travail a été encouragée par des modifications normatives ponctuelles qui ont exclu le lien de travail et élargi le stage aux lycéens[16].

Dans les frontières extérieures au droit du travail, une nouvelle législation a étendu en 2008 aux stagiaires des normes de protection typiques des relations d'emploi, avec l'adoption d'un nombre d'heures maximum par jour, des congés payés de 30 jours de préférence pendant les vacances scolaires, des règles de santé et de sécurité sur le lieu de travail et une proportionnalité entre le nombre de stagiaires et le nombre de travailleurs existant dans l'établissement (Loi n° 11788/2008). Dans le même sens, la nouvelle réglementation des coopératives a établi en 2012 que les coopératives doivent garantir aux associés les mêmes droits que les employés (retraits non inférieurs au salaire minimum de la catégorie,

---

[16] Dans les années 1990, la Loi n° 8859 de 1994 a ouvert la voie à la formation de coopératives frauduleuses avec l'exclusion des membres des coopératives des liens d'emploi, et l'article 82 de la Loi n° 9394 de 1996 a élargi les relations de stage frauduleux. Sur les paradoxes du travail de coopérative avec les propositions d'autogestion, les coopératives défensives et les fausses coopératives (Lima, Araújo, 1999 ; Lima, 2004).

journée de 8 heures, repos hebdomadaire et annuel rémunéré similaire aux vacances, etc.)[17]. Au Brésil, le cas des stagiaires et des coopératives de travail illustre bien l'action active d'un État orienté par des politiques néolibérales dans la constitution de vastes espaces de la zone grise. Il montre aussi comment l'État peut répondre aux inégalités créées par le degré de précarité et de non-protection sociale de ces travailleurs quand il est réorienté par des demandes sociales et syndicales, et traversé par des politiques non libérales. À côté du rôle développé par l'entrepreneuriat, l'État est complice du maintien de la dérégulation avec l'augmentation des inégalités parmi les travailleurs, et ce dans la dynamique de constitution des zones grises (Bisom-Rapp, 2015).

Le vaste concept de sous-traitance regroupe des relations trilatérales d'intermédiation de main-d'œuvre par des entreprises prestataires de services temporaires d'un maximum de trois mois, introduites dans le contexte de la modernisation autoritaire promue par le régime militaire de 1974 (Loi n° 6019), mais aussi des relations triangulaires, qui englobent : (a) des services spécialisés dans les secteurs de la sécurité (Loi n° 8012 du 20/6/83) ; (b) des services non inhérents aux finalités de l'administration publique, dans lesquels était permise l'exécution décentralisée (depuis l'époque du Décret-Loi n° 200 et de la Loi n° 5645 de 1970) ; (c) des services de nettoyage et de conservation ; (d) des services de secteurs spécialisés et des activités de soutien où il n'y a pas de subordination directe et de personne physique. La croissance de la sous-traitance a été possible après la réinterprétation de la jurisprudence du Tribunal Supérieur du travail *[Tribunal Superior do Trabalho]* qui, en 1993, a modifié le précédent contenu dans la *súmula*[18] 256, en libéralisant la pratique jusqu'alors illicite de la *súmula* 331 (Silva, 2008a, p. 372-380).

La sous-traitance est un phénomène important au Brésil. Elle explicite la zone grise des relations contractuelles de salariat (Carleial, Ferreira, 2015) et sa logique de production profonde d'inégalités en créant des brèches sur les lieux de travail, des fragmentations collectives dans les secteurs privés

---

[17]   Selon la Loi n° 12690 de juillet 2012, les coopératives de travail sont des sociétés constituées par des travailleurs pour l'exercice de leurs activités de travail ou professionnelles au profit commun, autonomie et autogestion pour obtenir de meilleurs : qualification, revenu, situation socioéconomique et conditions générales de travail, de production ou de services, sans possibilité d'être utilisées comme médiatrices de services. Le projet a fait polémique et l'efficacité de sa règle est contestée, y compris par des mouvements du vrai coopérativisme d'inclusion sociale.

[18]   NdT : Décisions de tribunaux supérieurs qui adoptent la même interprétation sur un sujet particulier.

et publics, avec un régime ambigu et précaire de droits (Silva, 2014 ; Coutinho, 2015), avec peu ou pas de garantie de responsabilisation des prestataires de service[19] ou de reconnaissance d'isonomie de droits[20]. La prolifération des cas de sous-traitance dans l'administration publique et dans les secteurs de l'énergie électrique, des télécommunications et des banques[21] se distingue face à la dimension des secteurs économiques et des travailleurs concernés et à la judiciarisation intense de la thématique, qui est passée aujourd'hui de l'arène du Tribunal Supérieur du Travail à l'assemblée plénière du Tribunal Suprême fédéral [*Supremo Tribunal Federal*] (Carelli, 2014). Dans le cas brésilien, la sous-traitance est par excellence le phénomène du droit du travail qui reflète le mieux la nouvelle question sociale, les modes de production d'inégalités et les nouvelles fragmentations du monde incertain et gris du travail.

Les insécurités des trajectoires de vie s'ajoutent aux incertitudes, aux indéterminations ou aux simples non-respects de règles qui aboutissent à une judiciarisation intense du travail. En 2013, 7,9 millions de procès liés au travail étaient en cours. En 2014, le tribunal du travail a reçu 3 990 500 nouveaux cas de violations de droits[22]. Les cas litigieux sont en augmentation constante : + 16 % de nouveaux cas enregistrés entre 2009 et 2014. La manière dont s'établissent des relations marquées par la dispute autour du régime de droits applicable, la judiciarisation de conflits,

---

[19]   La *Súmula* 331 établit une responsabilité subsidiaire des prestataires de service : pour l'administration publique, une telle responsabilité n'est admise que pour des cas spécifiques d'absence prouvée de fiscalisation sur décision du STF, selon le jugement de l'ADC 16.

[20]   *Cf.* Orientação Jurisprudencial 383 du TST adoptée en 2011 après le jugement des affaires impliquant la Caixa Econômica Federal (banque brésilienne fédérale) ERR TST 799.072001.6 et E-RR 654.203/00.9, et actuellement contestée devant le Tribunal Suprême fédéral.

[21]   Les arguments des entrepreneurs invoqués dans les secteurs électriques et de télécommunications se basent sur les Lois n° 8897/1995 et n° 9472/1997 qui portent sur les contrats de concession et de prestation de services, la concessionnaire pouvant recourir à des tiers pour développer des activités inhérentes, accessoires ou complémentaires au service concédé. Il s'agit de préceptes contenus dans des normes de droit administratif, qui sont utilisés comme mécanisme à la flexibilité dissimulée, face au retrait de la règle de son contexte général, avec la réinterprétation de sens initialement non prévue. Le secteur financier argumente avec les réglementations de la Banque Centrale qui admettent la figure entrepreneuriale du correspondant bancaire.

[22]   *Cf. Relatórios Justiça* des numéros de 2014 et *Justiça* des numéros de 2015 du Conseil national de la Justice. Brasília, CNJ, 2015. Considérant les thèmes en litige au Tribunal supérieur du travail, la reconnaissance de la relation d'emploi se trouve en 12ᵉ position (*cf.* www.tst.jus.br/documents/10157/a5cc9efb-66af-4ac3-a7dd-ea38e59197de). Sur la croissance des actions en justice du travail (Horn, Tedesco, 2010).

les réponses ambiguës données par le judiciaire face aux zones grises et aux restructurations productives qui sont soumises à l'appréciation et le non-respect répété des normes, tous ces éléments contribuent à accroître les incertitudes.

Coda

À partir de la notion de zones grises et des distinctions admises ou stimulées par la législation du travail brésilienne, l'on s'aperçoit que les nouvelles réglementations font du droit du travail un espace normatif traversé par de nouvelles différenciations. Certains points critiques de la régulation interrogent *le rôle et la contribution du droit à la construction et à la légitimation des inégalités*. Dans ce mouvement, le fil conducteur des relations de travail et des relations d'emploi est l'insécurité, l'instabilité et l'inégalité. En légiférant et en réinterprétant les règles, l'État corrobore paradoxalement l'individualisation et la recontractualisation des relations de travail.

Bibliographie

Azaïs Christian, 2004, « De-segmentação do mercado de trabalho e autonomia : algumas palavras introdutórias ». *Caderno CRH*, Salvador, vol. 17, n° 41, mai-ago, p. 173-182.

Azaïs Christian, 2012, « As zonas cinzentas no assalariamento : propostas de leitura do emprego e trabalho », *in* Azaïs Christian, Kessler Gabriel, Telles Vera da Silva, *Ilegalismos, cidade e política,* Belo Horizonte, Fino Traço, p. 167-198.

Baylos Antonio, 1999, *Direito do trabalho : modelo para armar*, São Paulo, LTr.

Bisom-Rapp Susan, 2015, *The State is Complicit, The State is Responsive : Producing Inequalities in the American Grey Zone*, sous presse.

Cardoso Adalberto Moreira, 2010, *A construção da sociedade do trabalho no Brasil*, Rio de Janeiro, FGV.

Cardoso Adalberto Moreira, Lage Telma, 2007, *As normas e os fatos : desenho e efetividade das instituições de regulação do mercado de trabalho no Brasil,* Rio de Janeiro, FGV.

Carelli Rodrigo, 2014, « A O ativismo judicial do Supremo Tribunal Federal e o debate sobre a Terceirização ». *Revista do Tribunal Superior do Trabalho,* Brasília, v. 80, jul-set, p. 239-256.

Carleial Liana, Ferreira Cristiano, 2015, *Le Brésil externalisé : État, marché du travail et inégalités*, Fréjus, (à paraître).

Castelli Nunzia, 2014, *Contrato, consenso, representación : reflexiones sobre la juridificación de las relaciones laborales*, Albacete, Bomarzo.

Cattanéo Nathalie, Hirata Helena, 2009, « Flexibilidade », *in* Hirata Helena, Loborie Françoise, Doaré Hélène Le, Senotier Danièle (orgs.), *Dicionário crítico do feminismo*, São Paulo, Unesp, p. 106-111.

Coutinho Grijalbo, 2015, *Terceirização : máquina de moer gente trabalhadora*, São Paulo, LTr.

Giraud Olivier, Lechevalier Arnaud, 2010, « A fragmentação da norma de emprego na Europa. Uma comparação entre Alemanha e França », *Sociologias,* Porto Alegre, UFRGS, a.12, *n° 25*, set-dez, p. 32-65.

Gomes Orlando, Gottschalk Elson, 2000, *Curso de Direito do Trabalho*, Rio de Janeiro, Forense.

Harvey David, 2011, *O enigma do capital e as crises do capitalismo,* São Paulo, Boitempo.

Horn Carlos Henrique, Tedesco Maria Silvana, 2010, « A expansão recente da demanda da Justiça do Trabalho e a distribuição setorial das ações : uma análise exploratória de seus fatores explicativos », *Revista de Direito do Trabalho,* São Paulo, RT, vol. 137, p. 11-44.

Instituto de Pesquisa Econômica Aplicada, IPEA, 2015, *Boletim Mercado de Trabalho, Conjuntura e Análise*, n° 58, abril [En ligne], URL : www.ipea.gov.br/portal/images/stories/PDFs/mercadodetrabalho/bmt_58_analise.pdf, consulté le 3 mai 2015.

Kergoat Danièle, 2009, « Divisão sexual do trabalho e relações sociais de sexo », *in* Hirata Helena, Loborie Françoise, Le Doaré Hélène, Senotier Danièle (orgs.), *Dicionário crítico do feminismo,* São Paulo, Unesp, p. 67-75.

Kesselman Donna, 2010, « Trabalho precário e precarização institucional nos Estados Unidos », *Sociologias*, Porto Alegre, UFRGS, a.12, *n° 25*, set-dez, p. 66-101.

Krein José Dari, 2007, *Tendências recentes nas relações de emprego no Brasil : 1990-2005,* Campinas, IE, Unicamp.

Lima Francisco Meton Marques de, 2007, « A contratação de trabalho intelectual sem vínculo de emprego – lei *n° 11196/05* – no contexto da política pública de combate à informalidade ». *Âmbito Jurídico*, Rio Grande, X, *n° 40*, abr., consulté le 3 mai 2015.

Lima Jacob Carlos, Araújo Neyara, 1999, « Para além do 'novo sindicalismo' : a crise do 'assalariamento' e as experiências com 'trabalho associado' », *in* Rodrigues Irám Jacome (dir.), *O novo sindicalismo : vinte anos depois*, Rio de Janeiro, Vozes, São Paulo, Educ/Unitrabalho, p. 229-248.

Lima Jacob Carlos, 2004, « O trabalho autogestionário em cooperativas de produção : o paradigma revisitado ». *Revista Brasileira de Ciências Sociais,* v. 56, p. 45-74.

Piketty Thomas, 2015, *A Economia da desigualdade*, Rio de Janeiro, Intrínseca.

Piketty Thomas, 2014, *O Capital no século XXI*, Rio de Janeiro, Intrínseca.

Piketty Thomas, 2013, *Le capital au XXI° siècle,* Paris, Éditions du Seuil.

Ramos Filho Wilson, 2012, *Direito Capitalista do Trabalho, São* Paulo, LTr.

Rosenfield Cinara, 2010, « Présentation ». *Sociologias*, Porto Alegre, UFRGS, a.12, *n°* 25, set-dez, p. 14-31.

Silva Sayonara Grillo Coutinho Leonardo da, 2008a, *Relações Coletivas de Trabalho : configurações institucionais no Brasil contemporâneo,* São Paulo, LTr.

Silva Sayonara Grillo Coutinho Leonardo da, *2008b,* « Duas notas sobre novas tutelas laborais no multifacetado desenho do mundo do trabalho contemporâneo ». *Revista do Tribunal Superior do* Trabalho, *vol. 74, n° 3, Brasília, jul-set,* p. 121-148.

Silva Sayonara Grillo Coutinho Leonardo da, 2014, « *Terceirização no Brasil : impasses normativos e jurisprudenciais (À paraître)* ». Communication au Colloque Zogris, janv, Paris.

Souto Maior Jorge, 2008, « A Supersubordinação : invertendo a lógica do jogo ». *Revista do Tribunal Regional do Trabalho da 3ª Região*, Belo Horizonte, vol. 48, n° 78, jul-dez, p. 157-193.

Supiot Alain, 2007, *Critique du droit du travail*, 2ᵉ éd., Paris, PUF.

Supiot Alain, 1996, *Crítica del derecho del trabajo*, Madrid, MTAS.

Thébaud-Mony Annie, Druck Graça, 2007, « Terceirização : a erosão dos direitos dos trabalhadores na França e no Brasil », *in* Druck Graça, Franco Tânia (orgs.), *A perda da razão social do trabalho : terceirização e precarização,* São Paulo, Boitempo, p. 23-58.

Le Brésil externalisé

État, marché du travail et inégalités

Liana CARLEIAL
Professeure titulaire d'économie, Université fédérale du Paraná.
liana.carleial@gmail.com

Cristiano Vinícius FERREIRA
Économiste, spécialiste en macroéconomie et finances.
cristiano.v.f@outlook.com

Introduction

Au cours des dernières décennies, la structure des marchés du travail dans une grande partie du monde capitaliste s'est modifiée. Sous les effets de la mondialisation, des pratiques de restructuration productive et de flexibilisation des marchés, y compris du travail, se sont disséminées. Il en a résulté une multiplicité des contrats de travail, la réduction des contrats de longue durée, la fragilisation du pouvoir syndical et la précarisation du travail.

En mai 2015, date à laquelle cet article a été écrit, i.e. avant le coup d'État qui a conduit à la destitution de la présidente Dilma Rousseff, le Brésil court le risque que le Congrès national approuve définitivement un projet de loi (PL 4330) qui retire les sauvegardes contre la généralisation de la pratique de l'externalisation de la main-d'œuvre, l'une des plus préjudiciables aux travailleurs. En particulier, ce projet - s'il est adopté - permettra la généralisation de l'externalisation des activités stratégiques des entreprises, une pratique aujourd'hui circonscrite aux activités non-stratégiques, institutionnellement parlant du moins. Mais pas seulement. La pratique pourra être étendue au secteur public et aux sociétés d'économie mixte, les responsabilités du travail étant assumées par les entreprises externalisées, autrement dit, sans responsabilité solidaire pour l'entreprise contractante.

Le Brésil a connu dans la période 2003-2012 un renforcement du marché du travail qui se caractérise par cinq étapes : I. une augmentation significative du nombre de travailleurs du secteur formel, c'est-à-dire, bénéficiant d'un contrat formel ; II. une extension de la couverture de la sécurité sociale ; III. une augmentation du salaire moyen et du salaire minimum ; IV. un gain réel généralisé dans les négociations salariales et enfin, V. une réduction du taux de chômage ouvert[1].

Ce tableau s'est détérioré à partir de 2015, avec une augmentation du taux de chômage et des négociations plus restreintes entre employeurs et employés, où la compensation de l'inflation de l'année précédente a représenté un plafond pour les gains salariaux, à de rares exceptions près.

L'impact de l'adoption de ce projet de loi va certainement changer le panorama du marché du travail brésilien en instituant un compromis presque inévitable avec la précarisation de l'emploi s'exprimant en salaires plus bas, des garanties moindres, une représentativité plus faible de l'organisation politique des travailleurs et une plus grande exposition aux accidents du travail.

L'objectif de cet article est de mettre en évidence le rapport entre l'externalisation de la force du travail, le marché du travail, les inégalités et l'État au Brésil. En premier lieu, il dresse le panorama de l'externalisation de la force de travail dans le pays à partir de données secondaires fournies par le Ministère du travail et de l'emploi (MTE). En deuxième lieu, il aborde l'effet de l'externalisation comme moteur de l'inégalité qu'elle génère sur le marché du travail et la société. Cette inégalité se produit à travers les différences de salaires, le nombre d'heures travaillées, la sécurité de l'emploi, la faible capacité d'organisation collective et une plus grande exposition aux accidents du travail. D'un point de vue subjectif, la condition d'externalisé favorise chez l'employé un sentiment de non-appartenance à l'entreprise et d'être un travailleur de seconde classe. La troisième partie présente le bilan de l'utilisation de cette pratique par le secteur public brésilien, une pratique considérée comme inconstitutionnelle par de nombreux juristes. Pour finir, nous présentons nos conclusions.

1. Marché du travail et externalisation

L'externalisation de la main-d'œuvre a été l'un des outils les plus importants dans l'adoption de l'agenda néolibéral depuis les années 1980. Sous prétexte que la reprise des profits capitalistes aurait exigé des

---

[1] Selon la PME-IBGE, l'emploi avec un contrat formel a augmenté de 53,6 % entre 2003 et 2012 dans les aires métropolitaines analysées alors que le revenu réel moyen de la population occupée augmentait de 27,2 %. Par ailleurs, le taux de chômage est passé de 12,9 % en décembre 2002 à 4,3 % en décembre 2014 (IPEA-data).

entreprises, des gouvernements et des travailleurs plus flexibles, l'agenda de la flexibilisation s'est imposé[2].

Certaines raisons techniques favorisent l'utilisation de l'externalisation (travaux spécialisés, pics de production ou saisonniers), mais dans une large mesure, elle est utilisée comme outil de réduction des coûts dont les effets sont subis par les travailleurs qui perçoivent des salaires inférieurs, accomplissent des journées de travail plus longues, subissent des taux de roulement plus élevés, supportent des pratiques discriminatoires, en comparaison avec les travailleurs effectifs des entreprises. Par ailleurs, ils sont davantage soumis que leurs collègues à des accidents du travail et à des risques plus importants. C'est donc pour eux une somme d'incertitude et de précarité.

L'externalisation de la main-d'œuvre s'accompagne d'importantes recompositions sur le marché du travail. La première est la substitution du statut de travailleur subordonné, par exemple, par celui de petit entrepreneur ou travailleur autonome/indépendant. Ces changements d'insertion dans le marché du travail ne sont pas nécessairement permanents et permettent des passages entre ces deux statuts dans l'emploi. Dans ce sens, le travailleur sous-traitant est une expression de la zone grise en tant que zone d'hybridation, mais aussi comme zone de mouvement ou de circulation entre un statut et un autre.

Du point de vue des normes de l'emploi, la sous-traitance génère également des mouvements entre le statut de travailleur subordonné, objet du droit du travail, celui de travailleur sans protection sociale (travailleur informel), et même celui de travailleur dans des organisations autogérées, qui n'est pas régi par le droit du travail mais le droit coopératif, comme dans le cas des travailleurs dans des coopératives populaires. L'externalisation se produit aussi bien dans le secteur privé que dans le public et d'un point de vue juridique, elle dénature la conceptualisation et l'identification de l'employeur, puisqu'elle entraîne la présence d'un intermédiaire entre le travailleur et l'entreprise bénéficiaire de la prestation de service (Carleial, 2010).

Le Brésil ne dispose pas d'une législation spécifique pour protéger les travailleurs externalisés, et cette pratique est réglementée par l'Abrégé (*Súmula*) 331 du Tribunal supérieur du travail qui n'en permet la pratique que dans des activités non-stratégiques, et donc, moins essentielles pour les firmes. Nous ne disposons pas de statistiques très précises qui

---

[2] « La flexibilité est définie, en général, comme l'aptitude d'un système ou d'un sous-système à réagir aux diverses perturbations » (Boyer, 1987, p. 107).

permettent de dresser un tableau complet de la situation. Le chiffre qui circule dans les milieux syndicaux, universitaires et entrepreneuriaux est de 12,7 millions de travailleurs, ce qui correspond à 26,8 % du marché formel, en 2013 (DIEESE – Département intersyndical de statistiques et d´études économiques, 2014, p. 13).

L'externalisation est pratiquée dans des secteurs importants de la structure productive brésilienne, tels que : l'énergie, le pétrole, les ports, l'industrie navale, l'industrie du bois, le bâtiment et les travaux publics, la métallurgie, l'industrie chimique, les banques, les télécommunications, le télémarketing, le commerce et les services, outre le secteur public.

L'absence de données précises nous amène à utiliser l'analyse produite par le DIEESE[3], à partir de données de la RAIS-MTE[4] (Liste annuelle d'informations sociales, ministère du Travail et de l'emploi), qui correspond aux travailleurs formels, à savoir ceux qui ont un contrat formel et bénéficient de la protection de la législation du travail. Les données sont de 2013, l'information disponible la plus récente actuellement.

La méthodologie de DIEESE distingue les secteurs économiques typiquement contractants et les secteurs typiquement externalisés, comme le montre le tableau 1 ci-dessous :

Tableau 1 – Brésil. Conditions de travail et externalisation, 2013

Conditions de travail	Contractants (1)	Externalisés (2)	Différence (2/1)
Rémunération moyenne (déc. 2013)	737,85 €	555,24 €	– 24,7 %
Temps de travail hebdomadaire (heures)	40	43	+ 7,5 %
Durée de l'emploi (années)	5,8	2,7	– 53,5 %

Source : DIEESE, 2014, p. 14. Banque centrale du Brésil : 1 real = 3,20 euros

---

[3] DIEESE – Departamento Intersindical de Estatística e Estudos Socioeconômicos (Département intersyndical de statistiques et d'études socioéconomiques). Son rôle consiste à élaborer des études et des enquêtes, et fournir des conseils techniques sur les questions relatives au monde du travail.

[4] RAIS/MTE – Rapport annuel d'informations sociales/Ministère du travail et de l'emploi. C'est un rapport administratif.

Les données confirment que pour les travailleurs externalisés la durée du temps de travail est plus longue, qu'ils sont soumis à un taux de rotation élevé et gagnent en moyenne 24,7 % de moins que les travailleurs effectifs. Mais dans des secteurs spécifiques, l'écart salarial peut aller jusqu'à 57 %, comme dans le secteur naval (DIEESE, 2014, p. 33).

Au-delà des différences objectives entre les travailleurs directs et externalisés, les implications émotionnelles et subjectives sont importantes. Les travailleurs externalisés vivent sous le signe de l'insécurité, ils ne peuvent se projeter ni dans une carrière ni dans un avenir. Ils sont exclus des avantages/droits habituellement accordés aux travailleurs directs, tels que la formation, des aides de différentes natures comme l'allocation-crèche et l'allocation-alimentation. Dans de nombreux cas, ils sont victimes de discrimination, pratiques fréquentes dans les secteurs de la surveillance et du nettoyage.

Pour compléter ce tableau général, nous aborderons l'importance de l'externalisation dans deux secteurs significatifs de l'économie brésilienne : le pétrole et l'énergie.

Dans le cas du secteur du pétrole, le nombre de travailleurs externalisés est toujours supérieur au nombre de travailleurs directs du groupe pétrolier Petrobrás depuis 1997. Au cours de la période 1995-2002, le nombre d'externalisés a augmenté de plus de 300 %, cette tendance se maintenant au long de toute la période examinée. Par exemple, en 2005, pour 155 933 travailleurs externalisés, Petrobrás ne comptait que 53 933 travailleurs directs. Il faut rappeler que le syndicat des travailleurs du pétrole était l'un des plus forts du pays, et lorsque l'ancien président Fernando Henrique Cardoso (1995-2002) a débuté son premier mandat, son premier acte a été de « casser » ce mouvement. Le graphique 1 ci-dessous montre l'évolution de l'externalisation dans l'entreprise[5].

---

[5] Le système Petrobrás se compose de la Petrobrás société-mère, de succursales/filiales et de sociétés à l'étranger. Les entreprises tierces sont présentes à chaque niveau du système Petrobrás. Les données disponibles sur les externalisés dans la période allant de 1995 à 1998 se rapportent à des travailleurs embauchés, en exercice, de la société-mère Petrobrás, sans comptabiliser les succursales/filiales et les sociétés à l'étranger, pour lesquelles les informations ont été estimées. En 1999, le nombre d'externalisés dans le système Petrobrás n'a pas été comptabilisé. Après l'année 2000, les informations sur le nombre d'externalisés se rapportent à tout le système Petrobrás et sont divulguées dans les bilans sociaux.

Graphique 1 – Brésil – Petrobrás.
Croissance des employés effectifs versus *externalisés - 1995/2014*

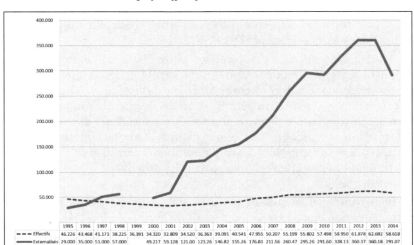

Source : Élaboré par les auteurs à partir des informations fournies par le DIEESE/
RJ (1995 à 2003, 2014) et du bilan social de Petrobrás (2005 à 2013).

Une enquête menée par le DIEESE (2011) révèle que dans 98 % des cas, la société Petrobrás externalise la force de travail parce qu'elle recherche des contrats qui minimisent les prix ; les raisons ne sont techniques que dans 2 % des cas.

Un fait qui confirme le caractère inégalitaire de l'externalisation est le nombre d'accidents qui atteint davantage ce groupe que les travailleurs effectifs. Les accidents – souvent suivis d'incapacité permanente ou de décès – chez les travailleurs externalisés révèlent que même si la chaîne d'entreprises que Petrobrás externalise, et même « sous-externalise »[6], est soumise à son contrôle de qualité en matière de production ou de service fourni, ce n'est pas le cas en ce qui concerne la sécurité des travailleurs.

---

[6]   On parlera ici de « sous-externalisation » et de travailleur « sous-externalisé » quand l'entreprise sous-traitante fait elle-même appel à des travailleurs externalisés.

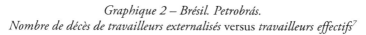

Graphique 2 – Brésil. Petrobrás.
Nombre de décès de travailleurs externalisés versus travailleurs effectifs[7]

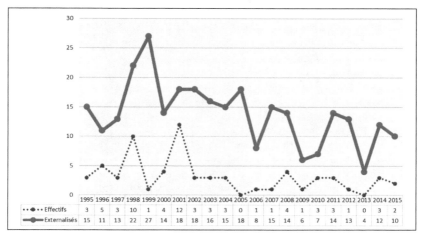

Source : Élaboré par les auteurs à partir des informations fournies par la FUP -
Federação Única dos Petroleiros [Fédération unique des travailleurs du pétrole].

Un autre secteur significatif est l'énergie. Entre 1999 et 2002, le secteur
a perdu 13 % de ses travailleurs soit, en chiffres absolus, 14 000 emplois.
Après la crise de « la grande panne » (apagão) de 2001/2002, le nombre
d'externalisés a dépassé en quatre ans celui des travailleurs directs et depuis
lors, cette réalité n'a pas changé. Le système de révision tarifaire proposé
par l'agence régulatrice (publique) ANEEL – Agence nationale de l'énergie
électrique – encourage le maintien de l'externalisation, puisque pour être
en conformité avec cette révision tarifaire, il faut disposer d'une quantité
élevée de travailleurs qui puissent être traités de manière flexible et être
embauchés quand il y a une attente de profit ou licenciés quand il y a
nécessité de revoir à la baisse les niveaux de profit.

---

7   Les données de 2015 se rapportent à peine aux quatre premiers mois de l'année. Malgré
     cela, les chiffres sont voisins de ceux de l'année 2014 entière en raison d'une explosion,
     en février 2015, sur une plateforme frétée par la Petrobrás. Les données de 1995 à 1997
     ont été transmises à la FUP (Federação única dos petroleiros [Fédération unique des
     travailleurs du pétrole] par Petrobrás. Pour les données sur les accidents enregistrés à
     partir de 1998, ce sont des informations provenant des syndicats, et transmises à la
     FUP. Néanmoins, il est important de noter qu'il y a ici une sous-estimation probable
     du nombre d'accidents car souvent les syndicats ne sont pas informés, comme ils le
     devraient.

Graphique 3 - Brésil. Secteur électrique.
Croissance du nombre de travailleurs effectifs versus *travailleurs externalisés.*

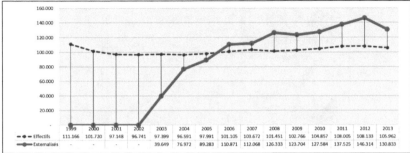

Source : Élaboré par les auteurs, d'après les données de la Fondation COGE –
Fondation Comité de gestion entrepreneuriale – Rapports et statistiques 2013.

Même s'il n'existe pas de registres du nombre de travailleurs externalisés jusqu'à 2002, le nombre d'accidents suivis d'incapacité permanente ou de décès n'échappe pas à l'observation. L'on a pu vérifier depuis le début du comptage, en 1999, une moyenne de 44 accidents de plus, par an, pour les travailleurs externalisés que pour les travailleurs effectifs (Graphique 4).

Graphique 4 – Brésil. Secteur électrique. Nombre d'accidents suivis d'incapacité
permanente ou de décès de travailleurs effectifs versus *travailleurs externalisés.*

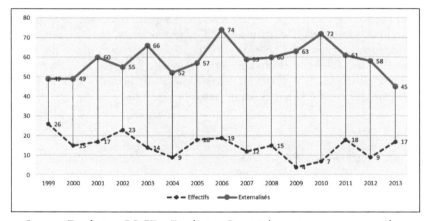

Source : Fondation COGE – Fondation Comité de gestion entrepreneuriale –
Rapports et statistiques 2013.

Dans le cas du secteur électrique, il s'agit le plus souvent d'accidents suivis de décès. De tels accidents sont plus usuels dans la phase de distribution, qui pourrait d'ailleurs être identifiée comme activité stratégique du secteur.

À partir de ce panorama général sur l'externalisation dans le marché du travail brésilien, *quid* de la relation entre externalisation et inégalités ?

2. Inégalités et externalisation

Comme on l'a déjà signalé initialement, le Brésil est sous le risque de l'approbation du projet de loi PL 4330. Ce projet généralise la pratique de l'externalisation à tous les niveaux des filières productives, en franchissant la dernière frontière qui était celle des activités stratégiques des entreprises et de l'État. Dans un entretien accordé au site d'informations *Rede Brasil Atual*, le juge du Tribunal supérieur du travail (TST), Luiz Philippe Vieira de Mello Filho a déclaré : « L'externalisation, pour moi, se résume un seul mot : l'inégalité »[8]. Ce professeur, opposé au projet de loi, fait également valoir que cette tentative d'étendre l'externalisation dans le pays témoigne de la difficulté du Brésil de prendre ses distances d'avec quatre siècles d'esclavage. Pour lui, prenant l'exemple des externalisés du propre TST : « Ce sont des visages du dix-neuvième siècle. Ils ne nous regardent pas, ils n'ont pas le sentiment de posséder une identité, [...] ici on sent dans sa propre chair la dégradation-même du travail » (*idem, ibid.*).

L'inégalité est l'une des questions les plus débattues par les économistes depuis le XIXe siècle. En réalité, le mécanisme le plus efficace de production des inégalités est le mode de production capitaliste lui-même et tous les changements par lesquels il est passé au cours des deux derniers siècles. En fait, cette forme d'organisation de la production et du travail dans la quête incessante de profits conduit à la concentration des ressources, du pouvoir et des opportunités.

Pendant les trente dernières années, l'approfondissement de la mondialisation s'est appuyé sur les possibilités offertes par la révolution technologique, qui a engendré des changements dans la base matérielle du capitalisme pour promouvoir la « restructuration productive » (expression courante au Brésil). L'un de ses axes est la recherche de flexibilité, incluant

---

[8] Entretien consulté le 02/05/2015 sur le site Rede Brasil Atual et publié à l'origine le 07/11/2014 à l'occasion d'un débat sur le sujet, URL : http://www.redebrasilatual. com.br/trabalho/2014/11/terceirizacao-equivale-a-desigualdade-diz-ministro-do-tst-4615.html, consulté le 2 mai 2015.

la flexibilité externe sous la forme de sous-traitance de la force de travail (Boyer, 1987).

Dans le cas brésilien, le travail en sous-traitance peut exister en respectant tous les engagements définis par la norme en vigueur de l'emploi, mais malgré cela, il est possible de le considérer comme hors norme, du fait qu'il est instable, précaire et non-producteur d'appartenances et de collectifs. L'histoire du capitalisme montre clairement que l'absence de collectifs ou la présence de collectifs fragiles conduit nécessairement à une inégalité accrue.

Charles Tilly (1999) est probablement l'un des sociologues qui s'est le plus consacré à l'étude des inégalités, en particulier les inégalités de longue durée. Tilly fait valoir que la compréhension des inégalités durables exige que l'on aille au-delà des caractéristiques personnelles/individuelles pour déchiffrer les relations sociales dans lesquelles les individus opèrent, et donc définir les configurations sociales élémentaires. Il existe une certaine proximité entre la pensée de Marx et de Tilly. Pour le premier, l'exploitation est la pièce maîtresse de l'analyse, et les analyses des deux auteurs indiquent que l'exploitation non seulement est avantageuse pour les exploiteurs, mais qu'elle empêche/exclut également les autres de l'accès aux ressources. Malgré des différences méthodologiques importantes, ces auteurs cheminent très près l'un de l'autre dans leur discussion de l'inégalité dans le capitalisme.

Pour Tilly, il est bien plus pertinent dans l'analyse des inégalités de discuter si les mécanismes qui les génèrent sont d'ordre organisationnel et donc structurels que d'établir des comparaisons entre les groupes tels que homme/femme, blanc/noir, citoyen/étranger. Il est très difficile d'expliquer ces inégalités pour des raisons inhérentes à ces groupes eux-mêmes et non par les structures organisationnelles qui les maintiennent.

Avec la publication de son livre « Le Capital au XXIe siècle », Piketty (2013) a récemment mis en lumière les inégalités dans le capitalisme contemporain. Il met en relief la répartition personnelle/familiale des revenus et des richesses et fait observer que depuis les années soixante-dix du siècle dernier, cette distribution est de plus en plus inégale dans le monde et qu'elle atteint des niveaux similaires à ceux du début du XXe siècle.

Dans son analyse, l'auteur identifie des facteurs de convergence et de divergence qui agissent sur la distribution des richesses. Parmi les mécanismes qui conduisent à la convergence, autrement dit, qui réduisent les inégalités, il y a les processus de diffusion des connaissances et d'investissement dans la formation ; ceux de divergence, qui amplifient les inégalités, sont les processus qui assurent que les personnes ayant des salaires plus élevés se séparent du reste de la population de façon presque définitive, ainsi que les processus qui découlent d'un monde où la croissance est faible, mais avec une rémunération élevée du capital (Piketty, 2014). L'auteur montre aussi que la richesse et l'héritage sont toujours aussi importants aujourd'hui que par le passé pour définir la trajectoire individuelle des personnes[9].

Piketty (2013, p. 33) souligne également que « Dès lors que le taux de rendement du capital dépasse durablement le taux de croissance de la production et du revenu, ce qui était le cas jusqu'au XIXe siècle et risque fort de redevenir la norme au XXIe, le capitalisme produit mécaniquement des inégalités insoutenables, arbitraires » qui menacent les valeurs démocratiques. Telle est la condition dans laquelle vivent certains pays, en particulier après la crise financière de 2008.

Certes, il s'agit de niveaux d'analyse différents, puisque quand nous traitons des travailleurs externalisés par rapport aux travailleurs effectifs des entreprises, nous parlons seulement de revenus du travail et non de patrimoine et de richesse. Cependant, l'écart salarial qui s'établit entre les deux groupes peut aussi être identifié comme un élément d'augmentation des inégalités au fil du temps.

D'après tout ce qui a été discuté jusqu'ici, il est évident que l'externalisation de la force de travail a été et est l'un des outils utilisés par le capitalisme pour renouveler les possibilités de rentabilité et donc prolonger la survie du capital. De même, il est clair qu'en plus du fait qu'elle exprime l'inégalité, la pratique de l'externalisation en soi est un mécanisme générateur d'une plus grande inégalité.

Jusqu'à présent, nous avons parlé des travailleurs. Mais les entreprises qui abritent les travailleurs externalisés et « sous-externalisés » sont elles-mêmes également génératrices d'inégalités. Elles sont souvent créées « à la dernière minute », c'est-à-dire sans planification pour profiter d'une opportunité de marché et sont, dans la plupart des cas, désorganisées.

Nombre d'entre elles se déclarent en faillite et disparaissent du marché pour réapparaître sous une nouvelle raison sociale. Plusieurs d'entre elles

---

[9]   Le rapprochement des résultats entre Piketty et Marx, en ce qui concerne la tendance croissante à la concentration de revenu et richesse, n'efface pas les différences fondamentales qui les séparent, notamment quant à la conception du capital. Pour Marx, le capital est un rapport social qui subordonne le capitaliste et le travailleur. Pour Piketty, le capital est défini comme un volume de biens ou de richesse accumulée. En ce sens, il est plus simple pour Piketty de ne pas se confronter au fait que, sous-jacente à la concentration croissante du revenu et du pouvoir, se trouve l'exploitation des travailleurs, dont les fruits sont appropriés par les patrons sous forme de plus-value.

ne paient pas les indemnités garanties par le droit du travail et même si le service fourni est de nature publique, la loi empêche l'État d'assumer cette responsabilité ; les travailleurs en supportent le préjudice. Il est courant que ces entreprises démarrent dans un secteur de faible complexité et migrent vers des secteurs plus complexes, ce qui augmente les risques pour les travailleurs. Enfin, la nature de ces entreprises est également une source de promotion des inégalités.

Le rapport de l'OCDE (Organisation de coopération et de développement économiques) (2015) dénonce l'externalisation de la force de travail comme l'une des responsables de l'augmentation des inégalités dans les pays analysés.

3. L'État et l'externalisation

La pratique de l'externalisation s'est répandue dans la structure productive du Brésil, tout en étant largement pratiquée par l'État. En ce qui concerne le marché du travail, depuis les années 1990 lorsque le processus de restructuration s'intensifie dans le pays, l'État brésilien, sans même avoir modifié la Consolidation des lois du travail (CLT) qui régit le travail subordonné, a flexibilisé des contrats de travail, a réduit son intervention sur le marché du travail, a mis en œuvre des mesures qui rendent la durée du temps de travail flexible et a encouragé la négociation directe entre patrons et employés au sein de chaque catégorie professionnelle en l'absence d'une politique salariale effective. De même, il a promu l'introduction de la rémunération variable à travers des programmes de participation aux bénéfices et aux résultats négociés par entreprise, ce qui facilite l'individualisation salariale et l'association entre salaire et performance de chaque travailleur. Ainsi, il est devenu possible d'octroyer des gains aux travailleurs sans que ceux-ci n'aient d'incidence sur les montants des vacances, du treizième mois et de la retraite. Le travail à temps partiel et le principe de la banque d'heures ont été réglementés et la pratique de l'externalisation de la force de travail s'est multipliée.

Dans les années 2000, un certain comportement « bipolaire » de l'État quant à la régulation du marché du travail se renforce. Parallèlement à cet ensemble de réglementations favorables à la flexibilisation de la force de travail, un effort et un engagement vis-à-vis de la formalisation de la force de travail se sont également développés, impliquant en particulier les inspecteurs et les juges du travail qui sont devenus plus exigeants vis-à-vis du respect des contrats de travail. Des juges définissent dans certains cas qu'il y a réellement une responsabilité solidaire entre l'entreprise prestataire et l'entreprise bénéficiaire des prestations de services, et décident que les sociétés-mères doivent assumer la responsabilité à l'égard des droits du travail des travailleurs externalisés. L'institution de la figure juridique du micro-entrepreneur individuel (MEI), travailleur autonome non-subordonné dorénavant protégé par la Sécurité sociale, mais en escamotant souvent sa condition du travailleur subordonné, a renforcé le caractère ambigu de l'action de l'État sur le marché du travail.

Du point de vue de l'externalisation, il est important de dire que l'État brésilien est coresponsable du cadre actuel, puisqu'il externalise la force de travail, induit la pratique de l'externalisation des coûts par les entreprises publiques à travers l'action de ses agences régulatrices et externalise des activités centrales comme l'éducation et la santé par le biais d'Organisations sociales[10].

En outre, dans les années 1990, les pratiques néolibérales ont conduit à la mise en œuvre de mesures pour réduire sa taille, dans l'espoir de le rendre efficace, allégé et agile. Concrètement, l'État a ouvert un espace à l'initiative privée, qui a commencé à assumer certaines de ses fonctions à travers le tiers secteur qui est à l'origine de la pratique répandue aujourd'hui des externalisations.

On a également institué pour l'État un modèle de gestion néolibérale par opposition au modèle bureaucratique prétendument installé dans le pays, en s'inspirant au niveau international du modèle anglais de contrat de service. Sa base idéologique repose sur l'idée d'un État minimum, sur la supposition de son incapacité de répondre seul aux besoins de la population et sur le point de vue que l'État maintiendrait une bureaucratie parasitaire.

On ne peut pas minimiser le fait que le Brésil a connu ces dernières années (2003-2014) une expérience sans précédent d'implantation d'un programme politique unique, facilitée par l'élection pour trois mandats présidentiels consécutifs du même parti politique, le PT – Parti des travailleurs. Dans ses grandes lignes, ce programme visait la consolidation interne d'un modèle de production et de consommation de masse, avec la création d'emplois formels et l'inclusion sociale. La charpente de cette proposition résidait dans une véritable stratégie de valorisation du salaire minimum (+ 72,3 %, de 2003 à 2014), la réduction du chômage, l'incitation à la formalisation du travail salarié et la définition d'un cadre

---

[10] L'« Organisation sociale » est une personne morale de droit privé, à but non lucratif, créée à l'initiative de particuliers pour effectuer des services sociaux non exclusifs de l'État, mais autorisés par lui.

juridique pour d'autres formes d'insertion sur le marché du travail. D'un point de vue macroéconomique, cette stratégie a bénéficié d'une longue période de hausse des prix des matières premières brésiliennes négociées à niveau international.

Du point de vue social, les avancées ont été énormes. La misère a été éradiquée et des programmes sociaux de transferts de revenus ont été créés, comme la bourse-famille, qui atteint actuellement environ 14 millions de foyers, permettant, outre la fréquentation scolaire régulière des enfants pauvres, que ceux-ci soient suivis par les services de santé et de prévention, puisque les enfants doivent obéir à un calendrier de vaccination pour ne pas être exclus du programme[11]. Dans 93 % des familles bénéficiaires de la bourse-famille, le chef de famille est une femme (Brasil, 2015) ; dans 75,4 % des cas, les membres de la famille travaillent avec un contrat formel et/ou un emploi informel et sont malgré tout bénéficiaires d'un programme social, ce qui traduit le bas niveau des salaires au Brésil (Brasil, 2014).

Parallèlement, un vaste programme de construction de logements populaires[12] a été mis en œuvre dont les bénéficiaires sont des familles ayant un revenu mensuel allant jusqu'à trois salaires minimum (le montant du salaire minimum est de R$ 937,00, en 2017, l'équivalent de 254 €[13]). Du point de vue de la production, on a parié sur les secteurs du pétrole et du gaz, le bâtiment et travaux publics, la métallurgie et l'infrastructure. De nouvelles politiques industrielles ont également été élaborées mais sans obtenir les résultats escomptés (Carleial, 2014).

Ce programme du PT comprenait également une proposition d'insertion internationale dans laquelle le Brésil devait disposer d'une insertion plus autonome sur la scène géopolitique mondiale et pour cela, il développe un partenariat intense avec certains pays d'Amérique latine et d'Afrique, réduit sa dépendance vis-à-vis des États-Unis, en préférant définir la Chine comme partenaire commercial prioritaire.

En matière d'éducation, de nombreux changements ont été mis en œuvre. Le nombre de pauvres, de noirs et d'élèves des écoles publiques ayant accès à l'université publique a augmenté de 400 % entre 2004 et 2013 (IBGE, 2013). Des programmes d'échanges internationaux pour les étudiants de licence et de master ont été institués ainsi que l'examen pour l'entrée à

---

[11]   Georges et Ceballos (2014) présentent une analyse qui montre que ce programme peut être dénaturé et exister sous un format réduit, comme à São Paulo, où il est coordonné par les organisations sociales qui le transforment en marchandise politique.

[12]   Pour une analyse critique du programme « Ma maison, ma vie » *[Minha casa, minha vida]*, ses limites et ses potentialités, *cf.* Rizek (2014).

[13]   Base 1 € = R$ 3,69.

l'université, l'ENEM - Examen national de l'enseignement secondaire, qui permet également l'accès, par exemple, à des universités portugaises.

D'un point de vue concret, la mise en œuvre de ce programme du PT s'est traduite par un changement de la composition de la population fréquentant les centres commerciaux, les aéroports, les universités et les agences de voyage. Et il est devenu très difficile pour certains segments des classes sociales brésiliennes d'accepter une participation aussi effective des classes plus pauvres – nommées C et D, au Brésil – dans les environnements auparavant fréquentés en majorité par la classe la plus riche A et la classe moyenne B.

Cependant, quatre aspects peuvent être considérés comme responsables des difficultés rencontrées par le gouvernement après les élections de 2014[14]. En premier lieu, le PT n'a pas été capable d'expliquer les changements qui ont été mis en œuvre et a ainsi perdu le débat idéologique. N'oublions pas que le Brésil est un pays de base esclavagiste et ce n'est que récemment, au cours du gouvernement Lula, qu'ont été institués des quotas raciaux et des actions de discrimination positive. Deuxièmement, la victoire de Lula et les douze ans de gouvernement du PT n'ont pas suffi à modifier le modèle de gestion installé dans les différentes sphères de gouvernement dominées par l'idéologie managériale, institué sous le gouvernement de Fernando Henrique Cardoso à travers la réforme de l'État. Ainsi, des éléments importants du néolibéralisme n'ont pas été questionnés, en particulier une vision favorable à la « privatisation » de l'État et l'idée que celui-ci ne serait pas en mesure d'assurer adéquatement les services publics. De même, la pratique de l'externalisation est largement répandue dans certains secteurs, particulièrement l'éducation et la santé.

Troisièmement, les Brésiliens, mécontents d'avoir leurs intérêts subordonnés à l'objectif de l'inclusion sociale ou craintifs des effets visibles de cette inclusion, ont trouvé une raison concrète et d'ample répercussion chez la classe moyenne de se retourner contre le PT : la corruption. La dénonciation du *mensalão* (« grosse mensualité ») en 2005 a déclenché ce mécanisme, où l'on a identifié l'existence de financements privés des campagnes électorales et le versement de pots-de-vin pour faciliter l'approbation par le Congrès de mesures intéressant le gouvernement.

En 2014, une opération de la police fédérale, appelée *Lava-jato* (« nettoyage au karcher »), a déclenché un processus d'identification

---

[14] A partir de ce moment, cette section trace les contours du contexte dans lequel la pression des entrepreneurs en faveur de la généralisation de la sous-traitance s'intensifie et met en évidence la fragilisation du gouvernement Dilma Rousseff.

de versements de pots-de-vin par des entreprises prestataires de services à la Petrobrás, suggérant un système de blanchiment d'argent et d'enrichissement personnel. La progression de cette opération, qui repose sur des primes à la délation pour les inculpés, montre que de nombreux partis politiques sont impliqués. Cependant, pour une grande partie de la société brésilienne la corruption révélée par cette nouvelle affaire n'est associée qu'au PT qui doit par conséquent être banni et rayé de la carte des partis politiques brésiliens.

Le quatrième aspect a été la non-réglementation de la concentration dans les médias brésiliens qui sont dominés par quelques familles. Les trois aspects précédents ont été fortement potentialisés par l'action de ces médias. Le changement dans le panorama de la société brésilienne et le renforcement d'une idéologie plus conservatrice dans le pays a généré, en particulier chez les classes moyennes, une réaction forte contre le PT et son programme. Le point culminant a été la campagne électorale de 2014, qui a cependant assuré la victoire de Dilma Rousseff pour un second mandat.

Après avoir été élue, la présidente Dilma Rousseff a emphatisé l'ampleur des problèmes économiques, nommé des ministres s'identifiant avec les propositions de l'opposition et décrété l'urgence d'un ajustement budgétaire.

Le principal indicateur utilisé par les médias pour illustrer la crise « grave » que traverserait le pays est le rapport déficit/PIB, qui était, en chiffres bruts, de 57 %. C'en est presque risible quand on observe que celui du Japon est équivalent à 230 % de son PIB et que pour les économies développées, il est proche de 100 % du PIB. Le Brésil a produit pendant 17 ans un excédent primaire. Puis en 2014, le solde primaire a été négatif, de l'ordre de 0,6 % du PIB.

En parallèle, la conjoncture politique est très délicate et les forces conservatrices gagnent du terrain. Le Congrès issu des élections de 2014 est l'un des plus conservateurs depuis des décennies. Officieusement, on peut dire que le plus grand groupe parlementaire est celui des entrepreneurs avec 250 parlementaires, suivi par celui des grands propriétaires terriens (*ruralistas*), avec 127 parlementaires, puis des évangéliques avec 78 parlementaires, les syndicalistes avec 69 parlementaires et les propriétaires de médias avec 60 parlementaires.

Ainsi, le 8 mai 2015, la Chambre des députés a approuvé le texte-base du projet de loi PL 4330 réglementant les contrats d'externalisation de la force de travail dans le secteur privé, les entreprises publiques, les sociétés d'économie mixte et leurs succursales et filiales, au sein des administrations publiques de l'Union fédérale, des États, du District fédéral et des municipalités. Il y a eu 324 voix en faveur du texte, 137 contre et 2 abstentions. Ce projet sera encore examiné par le Sénat[15].

En réalité, au Brésil, il n'y a pas que le législateur qui légifère contre les travailleurs. Le 16 mai 2015, la Cour suprême, gardienne de la Constitution, après avoir durant 17 ans analysé un recours en inconstitutionnalité contre la loi 9637/1998, sanctionnée par l'ancien président Fernando Henrique Cardoso, a légitimé l'extension de l'externalisation au secteur public. Elle a ainsi autorisé la passation de contrat avec des Organisations sociales pour assurer des services publics, même sans appel d'offres, si celles-ci obéissent aux critères objectifs établis par les pouvoirs publics.

Mais il y a des décisions de justice différentes. La Justice du travail de l'État de Minas Gerais a interdit aux institutions financières d'externaliser les secteurs de télémarketing à travers l'Abrégé (*Súmula*) 49, une décision qui peut être suivie par d'autres États. Les avocats de ces institutions se sont cependant déjà empressés d'avertir que cet obstacle pourrait signifier la fin du secteur au Brésil et sa migration vers l'Inde.

Par ailleurs, le 22 mai 2015, la présidente Dilma Rousseff, par l'entremise de son ministre des Finances, Joaquim Levy, a décrété des coupes budgétaires de 69,9 milliards de reais, soit l'équivalent de 21,8 milliards d'euros, qui pourront même atteindre le secteur social. L'ajustement a été intronisé et le Brésil entre dans l'ère de l'austérité budgétaire.

Les réactions négatives à cette décision se sont multipliées, en raison du ralentissement de l'économie, de la hausse du chômage qui actuellement (février 2016) atteint 7,6 % dans les régions métropolitaines, de la recrudescence du taux d'inflation et de l'augmentation du taux d'intérêt de base. Ainsi, la présidente Rousseff a changé le ministre des Finances qui était fortement identifié avec les politiques néolibérales. Nelson Barbosa qui lui a succédé est considéré comme un développementiste, engagé dans la reprise de la croissance économique et de l'emploi[16].

---

[15]   Le contexte politique défavorable a permis que le 22 mars 2017, la Chambre des députés approuve, en régime d'urgence, le projet de loi 4302, qui était dans les tuyaux depuis 1998 et qui avait déjà été analysé par le Sénat fédéral et sanctionné par le président de la République. La généralisation de la sous-traitance devient autorisée au Brésil. Les conséquences de l'adoption du projet 4302 seront les mêmes que celles décrites dans cet article. L'écart entre les deux projets (4330 et 4302), outre le temps de traitement distincts, porte sur la responsabilité solidaire de l'entreprise sous-traitée, en cas de non-respect des conditions du contrat.

[16]   La détérioration de l'environnement économique et politique a culminé avec la destitution de la présidente Dilma Rousseff, par le biais d'un coup d'État parlementaire, juridique et médiatique. Elle a été remplacée par le vice-président Michel Temer qui dès ses premiers actes, a modifié la structure et les fonctions de l'Etat brésilien. Ce

Considérations finales

Polanyi (1957), dans son ouvrage classique de 1944, a désigné trois produits comme étant des « marchandises fictives » : le travail, la terre et l'argent, en soutenant que les lois de l'offre et de la demande ne leur seraient que partiellement et imparfaitement applicables. La mercantilisation de ces marchandises fictives ne peut se produire que si elle est bien réglementée, sinon le mode de production lui-même court un risque. Polanyi et son argumentation sont plus vivants que jamais. La crise financière et la crise de corruption dont la pointe de l'« iceberg » a été la faillite de Lehman Brothers en 2008 et qui n'a pas jusqu'aujourd'hui été surmontée, souligne l'abus de la mercantilisation de l'argent. Les problèmes environnementaux et la recherche qui est entreprise, sans succès, de la durabilité de l'environnement partout dans le monde, quant à eux, mettent en évidence l'abus de la mercantilisation de la terre.

Il est certain que la discussion développée dans cet article dénonce l'abus de la mercantilisation du travail. Mais pas seulement. Elle dénonce aussi l'échec des sauvegardes institutionnelles qui protègent le travail ou ont protégé le travail pendant un certain temps.

L'analyse des inégalités qui s'accumulent sur les marchés du travail et dans la société exige certainement une compréhension plus ample des mécanismes qui génèrent les inégalités dans cette phase du capitalisme, comme le suggèrent Piketty et Tilly.

Dans le cas concret de l'externalisation de la force de travail, pratique inscrite dans la mondialisation et dans les propositions néolibérales de flexibilisation des marchés, c'est un mécanisme qui a, paraît-il, gagné beaucoup de terrain dans le développement du capitalisme contemporain ; dans ce sens, il semble que ce soit une tendance qui est venue pour rester. D'après ce qui a été discuté ici, l'externalisation est également un mécanisme d'augmentation des inégalités sur le marché du travail et dans la société. Nous ne pouvons minimiser l'importance des gains qui peuvent survenir dans le réseau qui se constitue entre les entreprises sous-traitantes et contractantes (Carleial, 2001) comme l'échange d'information,

---

changement a permis l'installation d'un agenda néo-libéral qui réalise des coupes dans les politiques publiques, plus spécialement dans les politiques sociales, éliminant ou réduisant certaines des actions relatées dans cette section de l'article. Par cette note, nous souhaitons donner des éléments de contextes au lecteur, en cette période difficile de la vie brésilienne. Pour approfondir cette question, nous suggérons la lecture de ce document (Fundação Perseu Abramo, éd., 2016).

d'apprentissage et même de petites innovations. Néanmoins, ces résultats ne semblent pas suffisants pour justifier la généralisation de cette pratique.

La sous-traitance dépeint également la zone grise du marché du travail, dans la mesure où elle peut inclure les travailleurs subordonnés, les travailleurs indépendants, les travailleurs des coopératives, les travailleurs temporaires et les travailleurs non protégés. Sa marque est certainement l'incertitude, l'insécurité et l'inégalité.

De quoi disposons-nous pour contrer cette tendance ? Chandler (1990) déclarait après avoir analysé les entreprises américaines et allemandes, qu'il considérait comme essentiel pour le succès de l'entreprise que ses investissements soient obligatoirement destinés à la production, la distribution et l'administration, c'est-à-dire les trois piliers de la croissance industrielle, sur une même base, c'est-à-dire, sans sous-traiter. Par conséquent, la sous-traitance serait remplacée par la centralisation des activités. Les 40 dernières années du capitalisme n'ont pourtant pas confirmé les prévisions de Chandler.

Dans le cas du Brésil, l'approbation du PL 4330 se traduirait par un véritable chaos sur le marché du travail pour les raisons discutées ci-dessus. Comme l'a dit le juge Vieira de Mello, ce que l'on veut avec l'externalisation, c'est éliminer le risque de l'entreprise et la responsabilité envers les travailleurs[17]. De façon décisive, l'extension de l'externalisation retirera du marché du travail les travailleurs bénéficiant des meilleures conditions de salaire et de roulement et provoquera une baisse significative des salaires moyens dans le pays. En outre, elle augmentera l'inégalité par le biais de la fragilisation, voire l'élimination, du collectif qui rassemble ces travailleurs : les collectifs plus fragiles sont porteurs d'inégalités.

Comme on le sait, le capitalisme et la démocratie sont toujours en conflit. Dans le cas du Brésil, la généralisation de l'externalisation représentera la domination des forces de production et des rentiers qui minent les avancées démocratiques obtenues à grand-peine.

Ainsi, la question demeure : et au-delà du travail qu'avons-nous ? Le capitalisme, c'est le salariat. Qu'avons-nous pour mettre à la place du salariat ? Donc, discuter « au-delà du travail » exige de discuter « au-delà du capitalisme ». Qui relèvera le défi ?

---

[17] Entretien consulté le 02/05/2015 sur le site Rede Brasil Atual et publié à l'origine le 07/11/2014 à l'occasion d'un débat sur le sujet. http://www.redebrasilatual.com.br/trabalho/2014/11/terceirizacao-equivale-a-desigualdade-diz-ministro-do-tst-4615.html, consulté le 02/05/2015.

Bibliographie

Boyer Robert, 1987, « Labour Flexibilities : many Forms, uncertain Effects », *Labour and Society*, 12(1), p. 107-129.

Brasil, 2015, « Portail Brésil. Environ 93 % des titulaires du programme Bourse famille sont des femmes. 23/03/2015 » [En ligne], URL : http://www.brasil.gov.br/cidadania-e-justica/2015/03/cerca-de-93-dos-titulares-do-programa-bolsa-familia-sao-mulheres, consulté le 18 janvier 2016.

Brasil, 2014, « Portail Brésil. Bourse famille : 75,4 % des bénéficiaires travaillent. 20/05/2014 » [En ligne], URL : http://www.brasil.gov.br/cidadania-e-justica/2014/05/bolsa-familia-75-4-dos-beneficiarios-estao-trabalhando, consulté le 18 janvier 2016.

Carleial Liana, 2001, *Redes Industriais de Subcontratação. Um enfoque de sistema nacional de inovação*, São Paulo, Hucitec.

Carleial Liana, 2010, « The Brazilian Labour Market. Structural Features, "New" Flexibilisation and Recent Performance », *in* Azaïs Christian (dir.), *Labour and Employment in a Globalisation World. Autonomy, Collectives and Political Dilemmas*, Bruxelles, P.I.E. Peter Lang, Part I, p. 33-48.

Carleial Liana, 2014, « Sous-développement et marché du travail au Brésil », in Ulysse Pierre Joseph, Leseman Frédéric, Pires de Souza Fernando, *Les travailleurs pauvres. Précarisation du marché du travail, érosion des protections sociales et initiatives citoyennes,* Québec, Presses de l'Université du Québec, p. 45-88.

Chandler Alfred DuPont Jr., 1990, « *Scale and Scope. The dynamics of industrial capitalism* », Londres, Harvard University.

DIEESE, 2014, *Terceirização e Desenvolvimento. Uma conta que não fecha*, São Paulo, DIEESE/CUT, 56 p.

DIEESE, 2011, *A terceirização na Petrobrás ; alguns pontos para a reflexão*, versão revisada/atualizada. Subseção DIEESE, FUP, abril.

Federação Única dos Petroleiros [Fédération unique des travailleurs du pétrole], 2015, Communication privée.

Fundação COGE, « *Relatórios Estatísticos do Setor Elétrico Brasileiro* » [Fondation Comité de gestion entrepreneuriale. Rapports statistiques du secteur électrique brésilien]. Différentes années [En ligne], URL : http://www.relatorio.funcoge.com.br/, consulté le 9 juillet 2014.

Fundação Perseu Abramo, 2016, *Resistência e Contestação. Sociedade brasileira e comunidade internacional contra o golpe de 2016*, São Paulo, Editora Fundação Perseu Abramo.

Georges Isabel, Ceballos Marco, 2014, « Bolsa Familia y la asistencia social en Brasil : de la lucha política a la mercantilización local », *Cadernos CRH*, Salvador, vol. 27, n° 72, p. 513-529.

IBGE (Institut Brésilien de Géographie et de Statistique), 2013, « Sala da imprensa » [En ligne], URL : http://agenciadenoticias.ibge.gov.br/, consulté le 16 avril 2015.

IPEA-data (Instituto de Pesquisa Econômica Aplicada) [Institut de recherche économique appliquée], 2015, *Taxa de Desemprego* [En ligne], URL : http://www.ipeadata.gov.br/ExibeSerie.aspx?serid=38401, consulté le 11 avril 2015.

OECD, 2015, *In it Together : Why less Inequality Benefits all ?*, OECD Publishing, Paris [En ligne], URL : http://dx.doi.org/10.1787/9789264235120-en, consulté le 18 juillet 2015.

Perez Carlota, 1985, « Microelectronics, Long Waves and World Structural Change : New Perspectives for Developing Countries », *World Development* 13(3), p. 441-463.

Piketty Thomas, 2013, *Le capital au XXIe siècle*, Paris, Éditions de Seuil.

PME-IBGE. Pesquisa Mensal de Emprego – Instituto Brasileiro de Geografia e Estatística [Enquête mensuelle sur l'emploi – Institut brésilien de géographie et de statistique], 2015, « Évolution de l'emploi avec un contrat de travail formel 2003-2012 » [En ligne], URL : http://www.ibge.gov.br/home/estatistica/indicadores/trabalhoerendimento/pme_nova/Evolucao_emprego_carteira_trabalho_assinada.pdf, consulté le 11 avril 2015.

Polanyi Karl, 1957, *The great transformation. The political and economic origins of our time*, Boston, Beacon Press Books, 1957 (1944).

Rizek Cibele Saliba, 2014, « O Programa Minha Casa Minha Vida Entidades : provisão de moradia no avesso da cidade ? », *Cidades* : Revista científica/Grupo de Estudos Urbanos, São Paulo, vol. 1, n° 1, p. 236-264.

Tilly Charles, 1999, *Durable Inequality*, Los Angeles, University of California Press, Paperback.

Politiques de discrimination positive pour les travailleurs de l'agriculture familiale, régulation juridique et mise à l'écart de l'autonomie des coopératives[1]

Eloísa Dias Gonçalves
Doctorante en Droit (cotutelle), Université Paris 1 Panthéon-Sorbonne et Université fédérale du Paraná, dg.eloisa@gmail.com

José Antonio Peres Gediel
Professeur de Droit, Université fédérale du Paraná, jagediel@gmail.com

Lawrence Estivalet de Mello
Doctorant en Droit, Université fédérale du Paraná, Professeur de Droit, Université Positivo, lawestivalet@gmail.com

Introduction

L'autonomie, pour le droit, peut être lue à partir de différents registres normatifs. En droit constitutionnel, cela signifie la liberté de chacun d'agir selon ses intérêts, en observant les limites fixées par le discours juridique et les normes qui constituent la loi en vigueur. De l'autonomie du sujet découle la possibilité de s'associer avec d'autres individus, y compris pour créer d'autres entités ou sujets juridiques, dénommés personnes morales.

La liberté juridique traduite en autonomie, dans le domaine du droit privé, signifie le pouvoir d'agir, en établissant des relations libres entre sujets égaux devant la loi, un agir toujours limité par la licéité de sa finalité ou objet. Une fois qu'a été créée une personne morale à travers l'exercice de l'autonomie privée, à des fins légales et sous la forme juridique prévue

---

[1] Texte traduit par Madame Dominique Udron, frances_ud@yahoo.com.br.

par la loi, elle devient détentrice d'autonomie, en stricte conformité avec les termes de l'objet pour laquelle elle a été créée.

L'autonomie des sujets de droit, personnes physiques et morales, est fortement protégée par le droit constitutionnel et par les règles du droit privé. Cette protection est cependant ôtée dans des cas exceptionnels où les personnes morales, dans leur action pour atteindre leurs fins sociales, agissent contrairement de bonne foi, se détournent de leurs objectifs ou fins sociales et de ce fait, causent des dommages à des tiers. Ce phénomène de retrait de la protection de l'autonomie des personnes morales est appelé « mise à l'écart de la personnalité juridique »[2] (art. 50 et 51 du Code civil brésilien). À la rigueur, la mise à l'écart de la personnalité juridique résulte en une limitation, *a posteriori*, dans l'autonomie d'action des personnes morales, puisqu'elle permet l'intervention de tiers extérieurs (en particulier, le pouvoir judiciaire et le Ministère public, i.e. le Parquet) dans la conduite des affaires qui en situation de normalité seraient gérées de manière autonome.

La mise à l'écart de la personnalité juridique est une mesure exceptionnelle qui ne doit être prise qu'après un examen minutieux des exigences réglementaires qui autorisent l'intervention de la justice et du Ministère public dans l'espace autonome de cette entité.

Cet article discute une intervention de l'État, non prévue par la loi, sur la personnalité morale d'une coopérative, au moyen d'un instrument contractuel établi entre la coopérative et le gouvernement, pour la mise en œuvre d'une politique de discrimination positive en faveur des travailleurs de l'agriculture familiale.

Le problème posé est de savoir si le gouvernement, quand il établit un contrat avec une coopérative de travailleurs de l'agriculture familiale pour l'exécution de politiques publiques correspondant aux fins de la coopérative, peut ou non à travers cet accord intervenir dans les décisions de cette coopérative autonome et ignorer l'autonomie de la personne morale. Pour comprendre la question, il convient de parcourir certains aspects juridiques et factuels de ces politiques publiques et le contexte où s'insèrent les coopératives de l'agriculture familiale, dans le cadre général normatif du coopérativisme brésilien.

---

[2]   NDLT : le terme en portugais *desconsideração* a été traduit par « mise à l'écart ».

1. La politique publique du Programme national d'alimentation scolaire (PNAE) et sa réglementation

Depuis 2009, le Programme national d'alimentation scolaire (PNAE) encourage l'achat de denrées alimentaires produites par les travailleurs de l'agriculture familiale, en établissant qu'une partie des produits achetés pour les goûters scolaires doivent provenir des entreprises rurales familiales ou de leurs organisations (groupes informels, associations et coopératives).

Ce programme qui a garanti aux travailleurs de l'agriculture familiale des opportunités d'écoulement de leur production plus nombreuses, représente une importante politique publique d'incitation à la progression de la production agricole non soumise au modèle de l'*agrobusiness*.

L'expansion continue des grandes exploitations latifundiaires et de la frontière agricole pose de nouveaux défis aux travailleurs ruraux, en particulier à ceux liés aux mouvements sociaux qui luttent pour la réforme agraire et pour un nouveau modèle de production. L'un des points essentiels revendiqués par ces travailleurs est l'utilisation de formes collectives d'organisation du travail, fondées sur les principes coopérativistes.

Les travailleurs de l'agriculture familiale cherchent ainsi à se réapproprier et redonner un sens à la forme juridique coopérative, qui historiquement a été implantée au Brésil comme instrument du modèle d'*agrobusiness* exportateur de matières premières. Reprenant les idéaux de solidarité et de collectivisation du travail et de la production, les coopératives ont commencé à jouer un rôle fondamental dans l'organisation de ces travailleurs, y compris pour assurer la viabilité économique des colonies fruits de la réforme agraire.

Dans le cadre de ce processus politique, les travailleurs ruraux et leurs mouvements font pression pour l'adoption de politiques publiques qui répondent à leurs besoins, le PNAE et le PAA (Programme d'acquisition d'aliments) étant les principaux résultats de cette lutte.

En dépit de la nature positive de ces politiques, les normes réglementant le PNAE (Loi fédérale n° 11947/2009 et Résolution/CD/FNDE[3] n° 26, du 17 juin 2013) ont été l'objet de critiques, notamment quant à leur adéquation aux principes et aux règles qui régissent les sociétés coopératives

---

[3] Résolution du Conseil délibératif du Fonds national de développement de l'éducation.

et confèrent à ces organisations collectives une autonomie vis-à-vis des membres qui les composent et vis-à-vis de l'État.

Le Programme national d'alimentation scolaire (PNAE), mis en œuvre en 1955, bénéficie actuellement à tous les élèves de l'éducation primaire inscrits dans les écoles publiques, les écoles philanthropiques et les entités communautaires (conventionnées par les pouvoirs publics), grâce au transfert des fonds. Le Fonds national de développement de l'éducation (FNDE) est responsable de la distribution des fonds consignés dans le budget de la Fédération pour l'exécution du PNAE.

En 2009, avec la publication de la loi fédérale n° 11947, des changements ont été apportés au programme, comme l'incitation à acheter des produits issus de l'agriculture familiale. Pour mener à bien cette directive, cette loi prévoit qu'au moins 30 % des fonds du PNAE devront être utilisés pour l'achat de denrées alimentaires directement de l'agriculture familiale et de l'entrepreneur rural de type familial, ou de ses organisations (art. 14).

La réglementation du PNAE s'est effectuée à travers la Résolution/CD/FNDE n° 26 du 17 juin 2013. Selon le chapitre VI de cette résolution, l'acquisition de denrées alimentaires pour le PNAE doit se faire au moyen d'un appel d'offres public ou par dispense de la procédure d'appel d'offres, aux termes de l'art. 14 de la loi n° 11947/ 2009. Dans ce cas l'acquisition est faite au moyen d'avis d'appel public à la concurrence préalable (art. 20).

La section III de ce chapitre régit spécifiquement « L'acquisition de denrées alimentaires de l'agriculture familiale et de l'entrepreneur rural de type familial ou de ses organisations » et établit la procédure d'avis d'appel public à la concurrence. L'art. 27 de la Résolution/CD/FNDE n° 26/2013 stipule les documents nécessaires à l'habilitation des offres, les documents requis variant en fonction du type d'organisation du fournisseur : fournisseurs individuels, détenteurs d'une « DAP Physique »[4] non organisés en groupes ; groupes informels d'agriculteurs familiaux, détenteurs de DAP Physique organisés en groupe et groupes formels, détenteurs d'une DAP Morale.

Les distinctions visent à répondre aux particularités organisationnelles des fournisseurs qui peuvent présenter leurs propositions, individuellement ou en groupe, formel ou informel. En dépit de cela, tous doivent se conformer au § 4 de l'art. 27, qui dispose dans son § 4

---

[4]   DAP : Déclaration d'aptitude au Programme national de renforcement de l'agriculture familiale (PRONAF), système de crédit pour encourager l'agriculture familiale.
DAP Physique : DAP pour une personne physique ; DAP Morale : DAP pour une personne morale (NDLT).

que : « Doivent figurer dans le projet de ventes de denrées alimentaires de l'agriculture familiale le nom, les numéros de CPF[5] et de la DAP Physique de chaque agriculteur familial fournisseur des denrées figurant dans le projet ».

La première question juridique qui se pose concerne précisément les exigences faites aux groupes formels d'agriculteurs familiaux pour participer au PNAE et aux modalités relatives au respect des obligations qu'entraîne leur participation à l'appel d'offre.

Pour cela, il faut noter que la principale caractéristique qui distingue ce groupe de fournisseurs des autres est sa formalisation en tant que personne morale, ce qui entraîne plusieurs différences dans les implications et les effets légaux. Les deux principaux types de personnes morales utilisées par les agriculteurs familiaux sont les associations et les coopératives.

En dépit des particularités issues de la constitution d'une personne morale pour la représentation des intérêts des agriculteurs et leur organisation, la Résolution/CD/FNDE nº 26/2013 établit dans son art. 32, une limite individuelle de vente, par agriculteur, qui devra être justifiée au moyen d'une DAP, même dans les cas où il s'agit de fourniture de denrées alimentaires par des « groupes formels porteurs de DAP Morale » :

> Art. 32 La *limite individuelle de vente* de l'agriculteur familial et de l'entrepreneur rural familial pour l'alimentation scolaire devra respecter la *montant maximum de R$ 20 000,00 (vingt mille reais) par DAP/an* et sera contrôlée par le FNDE et le MDA[6], conformément à l'accord de coopération signé entre eux *[c'est nous qui soulignons]*.

La prévision de cette limite et surtout la façon dont on donnera la preuve qu'elle a été respectée entraîne également de sérieuses implications pour l'autonomie des groupes formels qui participent au PNAE, comme les associations et les coopératives, et cela implique aussi la mise à l'écart de leur personnalité juridique.

Ainsi, lorsqu'elle définit qu'au moment de l'habilitation des propositions « doivent figurer dans les projets de vente des denrées alimentaires de l'agriculture familiale, le nom, le CPF et le numéro de la DAP de chaque agriculteur familial fournisseur des denrées figurant dans le projet » (art. 27, § 4, Résolution/CD/FNDE nº 26/2013), pour qu'il soit possible

---

[5]   CPF – *Cadastro das Pessoas Físicas* : Registre des personnes physiques (NdT : Il s'agit du numéro fiscal de chaque individu).

[6]   MDA – *Ministério do Desenvolvimento Agrário* (Ministère du développement agraire).

de contrôler par la suite le respect de la limite individuelle de fourniture de denrées alimentaires, la résolution contredit la législation réglementant les associations et les coopératives. La raison en est qu'elle interfère dans le domaine interne de ces personnes morales, dans leur relation avec leurs sociétaires et coopérateurs, et de ce fait limite leur statut de sociétaires ou d'associés-coopérateurs.

La question centrale de cette analyse est celle de l'inadéquation de ces exigences aux principes et aux règles qui réglementent les sociétés coopératives, dans l'ordonnancement juridique brésilien.

2. Les particularités des sociétés coopératives, principes et double qualité des associés

L'Alliance coopérative internationale (ACI) a été créée en 1895, cinquante et un ans après l'expérience de la coopérative de Rochdale, afin de systématiser les principes du coopérativisme, renforcer et diffuser le coopérativisme. On peut dire que les principes avaient comme objectif principal le fonctionnement des coopératives, notamment quant à l'articulation de leurs organes, leur structure démocratique qui nécessairement passait par l'éducation de leurs membres, ainsi que par la sensibilité aux problèmes économiques auxquels étaient confrontés les coopératives et leurs membres.

Après des décennies de débat sur la nécessité de formuler les principes, le Congrès de Vienne de 1966 a approuvé à l'unanimité des membres de l'ACI un ensemble de six principes, à savoir : adhésion volontaire, gestion démocratique, taux d'intérêt sur le capital social « strictement » limité, définition de la répartition des excédents, développement de l'éducation et intercoopération.

Tableau 1 – Principes de l'autogestion dans les unités de production et leurs éléments constitutifs

Principes	Éléments constitutifs			
Gestion démocratique	Participation à la gestion (planification, décision et contrôle)	Degré de participation. Questions auxquelles on participe et niveau organisationnel où se produit la participation		
		Reproduction de la configuration organisationnelle**		
	Responsabilité dans la gestion (planification, décision et contrôle)	Degré de responsabilité		
		Questions dont on est responsable		
		Niveau organisationnel duquel on est responsable		
	Information	Accès	Niveau d'accès	
			Niveau organisationnel de l'information	
		Maîtrise	Niveau de maîtrise	
			Niveau organisationnel de l'information	
Contrôle du processus de production	Propriété réelle : relations techniques et sociales de production	Relations de propriété économique : contrôle sur ce qui est produit, y compris sur la capacité de disposer des produits		
		Relations de propriété : contrôle du mode de production	Agents de production : travail manuel et travail intellectuel	
			Moyens de production : moyens de travail et objets de travail	
	Propriété légale : quotas de participation au patrimoine			
Distribution des résultats proportionnelle au travail réalisé	Temps de travail			
	Nature du travail social			
	Participation à l'augmentation du patrimoine			

Source : Faria, 2003, p. 121.

En effectuant un croisement entre les principes proposés au niveau international par l'ACI et ceux de la loi brésilienne des coopératives, l'on peut observer une coïncidence entre le processus de formation des personnes morales et celui de leur gestion ou autogestion démocratique, à commencer par le principe de la libre adhésion, qui concrétise l'autonomie des sujets sociétaires, et le principe de l'administration démocratique, qui exprime cette liberté dans les assemblées pour les délibérations assumées collectivement.

On note également que l'ACI et la législation coopérativiste prennent ces principes comme vecteurs qui orientent les actions des sujets. Ces principes, dans l'optique de l'autogestion, doivent pour devenir effectifs aller au-delà du simple respect de valeurs abstraites et se concrétiser dans des éléments constitutifs liés à la participation, la responsabilité, l'information, la propriété du patrimoine et des quotas et leurs conséquences sur les relations techniques et sociales de production.

Au Brésil, les principes sont énumérés dans l'article 1094 du Code civil de 2002 et la loi n° 5764 de 1971. Ils doivent guider la constitution des sociétés coopératives, indépendamment de leur régulation juridique et leur classification quant à leur nature juridique, et orienter la vie sociétaire.

La nature juridique des coopératives est celle de sociétés de personnes et non de capital, centrées sur l'entraide et classées comme sociétés simples. L'objectif de ces sociétés est la croissance économique et l'amélioration de la condition sociale de leurs membres. Autrement dit, l'objectif est économique, mais sans but lucratif. C'est la meilleure compréhension que l'on puisse avoir de la législation coopérativiste, suivant la même ligne de Waldirio Bulgarelli (1967, p. 135) et Becho :

> Pour nous, l'argument qui consiste à dire que les coopératives sont des entités *sui generis* est obsolète. À côté des collectivités civiles et commerciales, nous avons les sociétés coopératives, régies par leurs propres règles, ayant des principes, des valeurs et une éthique propres, étudiées par une branche académiquement autonome du Droit, le Droit coopératif (Becho, 2002, p. 53).

La structure sociétaire des coopératives est cependant à peine esquissée dans les articles 983, 1 093 et 1 096 du Code civil, car leur constitution et leur fonctionnement sont régis par la loi n° 5764/1971. Elles ne font l'objet que d'un traitement réduit dans la Constitution fédérale de 1988. Conformément aux dispositions de l'article 4 de la loi n° 5764/71 :

Art. 4. Les coopératives sont des sociétés de personnes, ayant une forme et une nature juridique propre, de nature civile, non sujettes à la faillite, constituées pour fournir des services aux associés, se distinguant des autres sociétés par les caractéristiques suivantes.

Comme on l'a déjà signalé, le Code civil classifie les sociétés coopératives comme des sociétés simples et, comme l'a souligné Leopoldino, la société simple est différenciée de la société entrepreneuriale, particulièrement quant à la spécificité de la société coopérative.

Dans celle-ci [la société entrepreneuriale], l'activité économique est destinée et organisée pour la production ou la circulation de biens ou de services, ces activités étant propres de l'entrepreneur sujet à l'immatriculation au registre, s'adressant au marché de la consommation afin d'obtenir des bénéfices, et la répartition postérieure de ceux-ci avec ses associés ou actionnaires. Quand elle ne se destine pas à des activités de production ou de circulation de biens avec la personne de l'entrepreneur, on aura une société simple (Leopoldino, 2008, p. 72).

On voit que, selon l'article 4 de la loi sur les coopératives cité précédemment, les sociétés coopératives sont organisées dans le but de, et de manière à, répondre aux besoins de leurs membres. Cette spécificité permet, entre autres conséquences, que le membre de la coopérative réponde de façon limitée ou illimitée pour les dettes et obligations assumées par la personne morale, suivant le statut social de la coopérative.

En outre, dans les sociétés coopératives, les membres ne jouent pas exclusivement un rôle d'associé ou de client. Leur rôle est double, soit en tant qu'associés (droit de participer aux délibérations, d'élire des représentants, de contrôler les activités des coopératives, etc.), soit en tant que clients ou utilisateurs (droit d'utiliser sa structure en tant qu'utilisateurs des biens et services fournis par la coopérative). C'est ce que l'on nomme la double qualité des membres des coopératives.

Comme l'objectif des coopératives est de produire des biens ou des services aux membres, cette double qualité est fondamentalement au cœur des coopératives. D'une part, elles se constituent pour répondre aux demandes des clients/utilisateurs, avec leur structure et, d'autre part, cette structure est différenciée et autonome par rapport aux associés, toutes leurs actions étant délibérées collectivement et visant à servir les intérêts communs et ceux des associés.

Comme l'indique Leopoldino dans l'enquête réalisée auprès de diverses coopératives :

> Comme nous l'avons vu, lorsque la double capacité est établie, on peut percevoir la formation d'un marché spécial pour les membres de la coopérative eux-mêmes, [...] la société, visant à se protéger elle-même, sa permanence, fournit des éléments pour attirer la présence des membres de la coopérative, soit par l'acquisition de biens ou par des services pour ceux-ci (Leopoldino, 2008, p. 141).

Cette double qualité atteste donc qu'il ne s'agit pas seulement de « prestation de services », réalisée par un ensemble de personnes qui, réunies, mettent à disposition une force de travail individuelle (puisque les membres de la coopérative décident les voies que prend la coopérative, en qualité d'associés), ni seulement d'une structure juridique axée sur des décisions, vu que les membres de la coopérative bénéficient également, en la qualité d'utilisateurs ou clients, de la structure des coopératives.

Ainsi, les associés interviennent dans la constitution de la coopérative et dans la prise de décisions de ce type de personne morale, à travers des assemblées générales, et doivent suivre ces délibérations, qui s'accordent avec l'intérêt de chacun et l'intérêt collectif.

3. Étude de cas : l'autonomie sociétaire *versus* le contrat avec les pouvoirs publics

Dans tous les types de personnes morales, la coopération est l'élément qui regroupe des êtres humains. Ils peuvent ou non agir sous la forme d'une personne morale qualifiée par la loi en tant que sujets de droits et d'obligations.

Cette forme juridique, outre qu'elle simplifie les relations du groupe avec des tiers, permet presque toujours d'établir la séparation du patrimoine des membres constitutifs de la personne morale et du patrimoine de l'organisation, pour répondre aux obligations assumées en qualité de sujets de droits.

Pour être reconnue comme telle, la structure organisationnelle de la personne morale est réglementée de manière très rigide, en particulier, dans les articles 45 à 50 du Code civil brésilien. De même, le fonctionnement interne, à savoir l'activité de ses membres et le fonctionnement externe, résultant des relations de ses membres par le biais de la personne morale avec des tiers, répond également à des paramètres légaux stricts. Il n'y a aucun espace d'organisation de la personne morale en dehors des paramètres fixés par la loi, sous peine que sa qualification comme entité juridique différenciée de ses membres soit juridiquement ignorée (disqualifiée).

Malgré sa rigidité dans le traitement juridique de la structure et du fonctionnement des personnes morales, la loi n'élimine pas l'espace de décision volontaire de ses membres et n'ignore pas non plus le but de la coopération qui les unit dans l'activité sociétaire collective.

La structure de la personne morale découle par conséquent de la définition volontaire des membres, en ce qui concerne le type de personne qu'ils veulent constituer ou modifier, et de cette décision initiale résultent de nombreux aspects qui détermineront l'activité sociétaire tout au long de son existence, comme on le voit dans la Loi 5764/71.

Le fonctionnement de la personne morale dépend aussi de la prise de décisions constantes par ses membres, pour établir des relations avec des tiers, ou pour des activités internes de nature variée, en suivant les formes prévues par la Loi 5764/71 :

> Art. 38. L'assemblée générale des associés est l'organe suprême de la société, dans les limites légales et statutaires, ayant le pouvoir de décider des affaires relatives à l'objet de la société et prendre les résolutions appropriées au développement et à la défense de celle-ci, et ses délibérations sont contraignantes pour tous, même en cas d'absence ou de désaccord.

Cet espace de décision concédé par la loi aux membres des personnes morales, à des degrés divers, est dénommé autonomie qui, dans le cas des coopératives, peut se résumer par le concept d'autogestion ou de gestion autonome.

L'autonomie des coopératives, ou autogestion, découle de la législation et constitue l'élément dynamique qui fait fonctionner la structure prévue par la loi. Elle est présente au moment de la constitution ou de l'altération organisationnelle de la personne morale et se révèle encore dans la manifestation continue de la volonté des membres pour dynamiser la vie sociétaire, visant à atteindre les fins communes. Pour être juridiquement efficace, l'autonomie doit opérer dans les limites définies par la loi et être guidée par les fins pour lesquelles la personne a été constituée.

Dans les sociétés coopératives, les limites de l'autonomie, qui, dans ce cas, peut être dite structurante, sont définies par l'article 1094 du Code civil, sections V et VI, quand elles traitent le quorum des assemblées pour délibérer et du droit de chaque associé à une seule voix dans les délibérations. Quant à l'autogestion de fonctionnement, elle est également définie par les documents législatifs mentionnés ci-dessus lorsqu'ils traitent les instruments et les procédures délibératives, tels que les principes de libre association, la valorisation du vote de tous les associés dans les prises de décision, « un homme une voix » entre autres.

L'autogestion est également indissociable du ou des objets pour lesquels la coopérative a été créée, notamment l'aide ou la coopération mutuelle, qui se concrétisent dans la non transmissibilité des quotes-parts à des tiers et la répartition des excédents.

L'autonomie des coopératives, peut également être entendue comme la non-ingérence de l'État dans les affaires internes de ces sociétés, au-delà de ce qui est prévu par la loi et qui peut être exigé par les pouvoirs publics de n'importe quel citoyen ou n'importe quel type de personne morale. L'incitation que l'État doit donner à ce genre d'organisation sociétaire ne porte pas atteinte à l'autonomie, la liberté d'association étant maintenue comme prévu dans la Constitution de 1988, article 5, section XVIII.

Ainsi, aussi bien dans les relations extérieures à l'égard des tiers, y compris ici l'État, que dans les délibérations internes, l'autonomie d'autogestion est présente pour conduire à des actes valides et générateurs d'effets juridiques, dès qu'ils suivent la loi et sont guidés par l'objet « principiologique » admis par la législation.

La non observation de cette autonomie correctement exercée de la part d'un tiers quelconque, que ce soit une personne physique ou morale, de droit public ou privé, constitue un abus de droit et résulte en une espèce non autorisée par la loi de mise à l'écart de la personnalité juridique, en dehors des paramètres décrits dans le Code civil, à l'article 50, textuellement :

> Art. 50. Dans le cas d'abus de la personnalité juridique caractérisé par le détournement de l'objet, ou par la confusion de patrimoine, le juge peut décider, sur requête de la partie ou du Ministère public, quand il lui incombe d'intervenir dans le procès, que les effets de certaines relations déterminées d'obligations soient étendues aux biens privés des administrateurs ou des associés de la personne morale.

Comme on peut le déduire de cette disposition légale, la personnalité juridique d'une entité collective ne peut être ignorée que s'il y a une violation des règles juridiques qui la régissent et dans les cas où il y a un détournement de son objet. Le principal effet de l'application de la sanction légale disqualifiant l'instance sociétaire ou associative est la responsabilité personnelle des membres participants de la personne morale pour des actes commis par la société.

La réglementation du PNAE exige une interprétation pour savoir si dans la relation contractuelle établie avec l'État (la municipalité), les obligations des parties peuvent être modifiées, sur la base de l'autonomie et de l'autogestion dans le cadre interne à la coopérative, sans que cela ne se traduise par la modification du contenu ou le non-respect des obligations assumées par l'État.

À titre d'exemple, on présente le cas hypothétique suivant : lors de l'assemblée générale ordinaire de la Coopérative X, qui a lieu chaque année en mars, les associés discutent et approuvent la production collective et la commercialisation en commun de certains aliments, qui font partie du plan d'affaires de la coopérative. La coopérative X possède, en théorie, un total de 1 200 (mille deux cents) associés, dont 500 produisent du riz et du lait et les 700 autres produisent du manioc et du lait. Les 1 200 associés décident d'accroître leurs affaires et décident de cultiver leurs propres terres ou en louent une plus grande surface, ce qui augmente le volume de riz. Il résulte de cette décision que non seulement le riz produit par les efforts individuels de chacun des 500 membres, producteurs traditionnels de riz, mais aussi le riz produit par l'effort collectif des 1 200 associés intègre le total de la production de la coopérative puisque la décision a été prise lors de l'assemblée générale ordinaire. Pour pouvoir réaliser ces tâches, la coopérative établit une dynamique d'équipes de travail, le déplacement de machines, etc.

Pour écouler la production, la coopérative X décide de participer à un appel d'offre public de l'agriculture familiale venant de la municipalité, faisant valoir la Loi 11947 de 2009, citée auparavant, qui dispose que :

> Sur le montant total des fonds transférés par le FNDE dans le cadre du PNAE, au moins 30 % devront être utilisés dans l'achat de denrées alimentaires directement à l'agriculture familiale et l'entrepreneur rural familial ou ses organisations, en donnant la priorité aux colonies de la réforme agraire, les communautés traditionnelles indigènes et les communautés *quilombolas* (NDLT : communauté *quilombola*, *quilombo* = formée de descendants d'esclaves marrons, les *quilombolas*).

Participant à l'appel d'offre, la coopérative X gagne sur les autres concurrents ; la municipalité homologue la participation de la coopérative et signe un contrat pour la livraison de riz en paquets de 5 kg, prévoyant une livraison mensuelle et stipulant la qualité du riz, qui sera vérifiée lors du déchargement de chaque charge par la collecte d'échantillons et l'examen d'un rapport d'analyses par un laboratoire agréé par le Ministère de l'agriculture, de l'élevage et de l'approvisionnement (MAPA). En cas de non-conformité, la coopérative subira des sanctions, qui sont dûment décrites dans le contrat.

Telle est la situation sociétaire et contractuelle concrète qui doit être analysée dans le cadre normatif du PNAE décrit précédemment. Ce cadre se présente comme un obstacle non seulement à la normalité de la vie sociétaire, mais aussi comme un obstacle à l'exécution effective du contrat, puisque la Résolution n° 26 du 17 juin 2013 du FNDE, qui dispose sur la prise en charge de l'alimentation scolaire des élèves de l'éducation de base dans le cadre du Programme national d'alimentation scolaire – PNAE établit dans son article 32 que la coopérative est tenue d'informer le nom, le CPF et le numéro de DAP des agriculteurs, en respectant un montant de 20 000,00 R$/agriculteur.

On observe que bien que les pouvoirs publics signent un contrat avec la coopérative, ils établissent également des obligations vis-à-vis de ses membres, ce qui conduit à la disqualification de la personne morale légalement constituée dès le début du contrat.

Dans le cas examiné ici, les agriculteurs répertoriés dans le projet et dans le contrat pourront ne pas produire de riz cette année, ou peuvent produire du riz de qualité inférieure à celle requise par le contrat. La coopérative, en qualité de personne morale, est, d'une part, obligée par force de contrat de fournir une quantité fixe de riz, avec une qualité aussi fixée, soumise à des rapports d'analyse la certifiant et, d'autre part, elle doit obéir au critère d'acquisition exclusive à des agriculteurs producteurs de riz, identifiés dans le contrat et ne peut pas recourir à la production des autres agriculteurs membres de la coopérative qui n'auront pas été initialement identifiés dans le contrat.

La normalité de la vie sociétaire et l'autonomie prévue par la loi pour l'exercice de l'autogestion des coopératives garantissent la possibilité pour une personne morale de remplacer la production de certains membres par celle d'autres membres, afin de réaliser la livraison du produit dans la quantité et la qualité établies par contrat avec l'État.

4. Effets négatifs de la mise à l'écart de l'autonomie sociétaire

En résumé, ce qui est en cause est l'autonomie et l'autogestion de la coopérative pour agir par rapport à des tiers au nom de tous ses associés, pouvant désigner parmi ses membres ceux qui contribueront à fournir les biens à l'acheteur, même si ces membres ne figurent pas sur la liste des fournisseurs indiqués au départ par la coopérative.

Or, la relation a été établie entre la coopérative et la municipalité, et non entre ses membres et cette personne morale de droit public, de sorte que l'ajustement interne fait pour permettre l'accomplissement intégral et adéquat de l'obligation, qui démontre la bonne foi de la coopérative, est valide. Dans le cas contraire, on ignorerait la personne morale présente dans la relation, en extrapolant les paramètres juridiques énoncés dans l'article 50 du Code civil brésilien, retranscrit précédemment.

Si l'on observe les termes de la loi en vigueur qui régit les personnes morales et les coopératives, un ajustement de cette nature est parfaitement légal, car il répond à l'autogestion de la coopérative et permet que son activité ne soit pas compromise par toute incapacité de production d'un ou de certains membres, et s'inscrit parfaitement dans la notion d'exécution des obligations contractuelles.

En outre, l'on ne peut pas rétorquer que la relation juridique en question a été établie avec une entité de l'État, et qu'en vertu de la nature publique de ce contractant, il est possible d'ignorer la décision interne de la coopérative, car, comme souligné précédemment, ce n'est que s'il y a détournement de l'objet, abus de la personnalité et confusion de patrimoine, résultant d'agissements effectués de mauvaise foi au préjudice d'autrui, que peut être ignorée la personnalité morale de la coopérative.

Ainsi, le dispositif de la Résolution/CD/FNDE nº 26/2013, qui réglemente le programme et exige dans l'article 27, § 4 que « doivent figurer dans les projets de vente de denrées alimentaires de l'agriculture familiale, le nom, CPF et numéro de DAP physique de chaque agriculteur familial fournisseur des denrées figurant dans le projet », ne peut être appliqué sans modulations que dans le cas des contrats établis avec des producteurs individuels. Cette norme ne s'applique pas à des contrats conclus avec des personnes morales, puisque même si l'agriculteur a été identifié dans le contrat selon l'exigence dudit article, il est membre d'une coopérative, agit conjointement et se soumet aux décisions des assemblées de la coopérative.

De même, il faut considérer que la limite individuelle établie dans la loi doit être interprétée comme une limite externe cohérente avec le principe de solidarité et de coopération, qui oriente l'activité coopérative, sans qu'elle interfère avec la particularité de la relation entre la coopérative et ses membres, guidée par l'autogestion et les décisions collectives prises en assemblée.

Ainsi, pour que ne soient pas ignorées la personnalité morale et l'autonomie de la société coopérative dans l'exécution du projet soumis au PNAE, et pour renforcer et encourager l'agriculture familiale et ses organisations, la réforme de la Résolution/CD/FNDE n° 26/2013, notamment en ce qui concerne le contrôle individuel de la production de denrées alimentaires fournies par les membres des associations et des coopératives, se révèle être une voie adéquate.

Pour finir, on peut souligner que la DAP Morale (Déclaration d'aptitude au PRONAF pour une personne morale) est l'instrument qui identifie les formes associatives des agriculteurs familiaux organisés en personnes morales dûment formalisées et qu'elle doit contenir la liste complète de tous ses membres, avec leurs numéros respectifs de DAP Physique. Ce document est fourni par un organisme ou une entité liés au MDA – Ministère du développement agraire[7]. Il n'y a pas besoin d'un contrôle individuel des produits livrés par les membres des associations et des coopératives.

En raison des contradictions signalées entre la réglementation du PNAE et le droit coopératif, le FNDE a publié le 2 avril 2015 la Résolution n° 04/2015, qui a modifié le libellé des articles 25 à 32 de la Résolution/ CD/FNDE n° 26 du 17 juin 2013, en cherchant à résoudre les tensions analysées au long du présent article.

Considérations finales

Les informations contenues dans cet article et ces considérations finales proviennent en grande partie de l'élaboration d'un avis sollicité par la Coopérative centrale de la réforme agraire du Paraná SARL (CCA-PR) auprès du Centre pour le droit coopératif et la citoyenneté du Programme de post-graduation en droit de l'Université fédérale du Paraná (NDCC/ PPGD UFPR), pour servir de support à la discussion de ces questions avec le Ministère de l'agriculture, de l'Élevage et de l'approvisionnement (MAPA).

L'avis a également abouti à la révision partielle de la résolution qui réglemente le PNAE, en accueillant certaines des critiques émises dans la nouvelle résolution publiée par le Fonds national pour le développement de l'éducation (Résolution n° 4 du 2 avril 2015). Ces modifications

---

[7]   Disponible sur http://portal.mda.gov.br/portal/saf/programas/alimentacaoescolar/ 8070377, consulté le 7 juin 2014.

viennent corroborer la nécessité de prêter attention à l'analyse effectuée dans cet article.

Le processus de construction de cette politique publique, fruit des revendications des travailleurs de l'agriculture familiale et de la réforme agraire, démontre l'importance que les principes coopératifs ont acquise pour l'organisation de ces travailleurs. Toutefois, de nombreux obstacles sont constamment mis sur cette voie, y compris par la réglementation juridique, qui, comme on l'a signalé, entrave l'utilisation du mode coopératif comme instrument de renforcement politique et d'organisation des travailleurs ruraux.

Sous un aspect plus général, il est possible d'appréhender une contradiction entre l'encouragement au coopérativisme dans la législation brésilienne et les restrictions que la politique publique elle-même matérialise dans sa réglementation. Le déni de l'autonomie de la forme juridique en coopérative par la mise à l'écart de la personnalité juridique fonctionne comme un acte par lequel le droit communique à la personne morale ce qu'elle ne peut pas être, bien qu'elle le soit. Le déni est donc le mécanisme qui fait opérer le fondement individualiste avec lequel le droit régule les relations humaines et le travail. Un déni qui doit être combattu, même s'il fait partie d'une logique plus générale et a tendance à se répéter.

C'est pourquoi il faut réitérer qu'après examen des règles et des principes qui délimitent l'activité des coopératives et réglementent le Programme national d'alimentation scolaire, on a vérifié une évidente inadéquation entre ces cadres, qui affaiblit les coopératives par le biais de la mise à l'écart de l'autonomie sociétaire.

Or, dans les relations avec des tiers, la coopérative se présente comme une unité, une personne morale dont les fins sont de garantir l'activité productive de ses membres, en promouvant l'industrialisation et la commercialisation des fruits de cette activité. Par conséquent, les accords qui doivent être signés entre les pouvoirs publics et les coopératives dans le cadre de ce programme ne peuvent adopter une vision individualiste, qui se traduit par une mise à l'écart préalable de la personne morale de la coopérative contractante, en désaccord avec les articles 50 et 51 du Code civil brésilien.

La coopérative, dès lors qu'elle agit conformément à la loi et qu'elle n'opère pas avec détournement de son objet, pourra lier l'activité interne de ses membres par le biais de relations contractuelles établies avec des tiers, sans qu'il en résulte d'infraction aux principes de droit public ou à son autonomie dans la prise de décisions collectives.

Cette forme de contrôle, outre qu'elle permet de vérifier le respect des limites de vente par l'agriculteur familial, est en harmonie avec les particularités résultant de la formation d'une personne morale pour représenter et organiser les agriculteurs familiaux.

La configuration du programme de politique publique au moyen d'une législation spécifique ne doit pas donner lieu à l'intervention de l'État dans l'autonomie sociétaire, même si les pouvoirs publics ont indiqué dans le contrat avec la coopérative le nom du producteur membre de la coopérative. L'identité des buts à atteindre par le programme avec l'objet social de la coopérative montre que, dans le cas étudié, la figure de la mise à l'écart de la personnalité juridique de la personne morale ne peut pas s'appliquer à la suite d'une décision sociétaire de modifier, sur le plan interne, les responsables de la production.

La coopérative transforme l'individuel en collectif et elle rend effective son autonomie à travers le libre développement de l'autonomie sociétaire, qui vise à la concrétisation de la gestion démocratique, du contrôle du processus de production et de distribution du résultat proportionnel au travail réalisé.

Bibliographie

Becho Renato Lopes, 2002, *Elementos do direito cooperativo*, São Paulo, Dialética.

Brasil, 1971, *Loi fédérale n° 5764 du 16 décembre 1971*. Définit la politique nationale du coopérativisme, institue le régime juridique des sociétés coopératives, entre autres mesures. Brasília, Diário Oficial da União.

Brasil, 1988, *Constituição da República Federativa do Brasil*. Brasília, Senado Federal.

Brasil, 2002, *Loi fédérale n° 10406, de 10 de janeiro de 2002*. Brasília, Diário Oficial da União.

Brasil, 2009, *Loi fédérale n° 11947, du 16 juin 2009*. Portant la prise en charge de l'alimentation scolaire et du Programme Argent directement à l'école pour les élèves de l'éducation de base, modifie les lois 10880 du 9 juin 2004, 11273 du 6 février 2006, 11507 du 20 juillet 2007, abroge les dispositifs de la Mesure provisoire n° 2178-36 du 24 août 2001 et de la loi n° 8913 du 12 juillet 1994, entre autres mesures. Brasília, Diário Oficial da União.

Brasil, 2009, Trésor public fédéral du Brésil. *Instruction normative n° 971 du 13 novembre 2009*. Portant des normes générales d'imposition de la Prévoyance sociale et de recouvrement des cotisations sociales destinées à la Prévoyance sociale et celles destinées à d'autres entités ou fonds, administrés par le Trésor public fédéral du Brésil (RFB). Brasília, Diário Oficial da União.

Brasil, 2013, Ministère de l'éducation. Fonds national pour le développement de l'éducation. Conseil délibératif. *Résolution n° 26 du 17 juin 2013*. Portant la prise en charge de l'alimentation scolaire pour les élèves de l'éducation de base dans le cadre du Programme National d'alimentation scolaire– PNAE. Brasília, Diário Oficial da União.

Brasil, 2015, Ministère de l'éducation. Fonds national pour le développement de l'éducation. Conseil délibératif. *Résolution n° 4 du 2 avril 2015*. Modifie le libellé des articles 25 à 32 de la Résolution/CD/FNDE n° 26 du 17 juin 2013, dans le cadre du Programme national d'alimentation scolaire (PNAE). Brasília, Diário Oficial da União.

Bulgarelli Waldírio, 1967, *Elaboração do direito cooperativo : um ensaio de autonomia*, São Paulo, Atlas.

Faria José Henrique de, 2009, *Gestão participativa : relações de poder e de trabalho nas organizações*, São Paulo, Atlas.

Faria José Ricardo Vargas de, 2003, *Organizações coletivistas de trabalho : autogestão nas unidades produtivas*, Dissertação de mestrado em administração da UFPR, Curitiba.

Leopoldino Cândida Joelma, 2008, *A dupla qualidade dos cooperados : sócios e clientes nas sociedades cooperativas*, Dissertação (Mestrado em Direito) – Programa de Pós-Graduação em Direito da Universidade Federal do Paraná, Curitiba.

Namorado Rui. 2000, *Introdução ao Direito Cooperativo : para uma expressão jurídica da cooperatividade*, Coimbra, Almedina.

PARTIE 2

EFFETS DE L'AJUSTEMENT SUR LES NORMES D'EMPLOI ET LES RELATIONS PROFESSIONNELLES ENSEIGNEMENTS DE L'EXEMPLE BRÉSILIEN

De la redistribution aux microluttes ?

Travail et justice sociale dans les formes hybrides de mise au travail[1]

Thays Mossi

Professeure de Sociologie et Science Politique,
UFSC (Université fédérale de Santa Catarina) – Florianópolis/Brésil,
thays.mossi@ufsc.br

Introduction

Ce travail propose l'étude introductoire et préliminaire d'une problématique chère à la sociologie du travail : le lien conceptuel et empirique entre le travail et la justice sociale. Il part du présupposé que le travail est globalement une pratique sociale qui parle de justice parce qu'il intègre les individus dans un ensemble de valeurs morales, et une manière socialement valorisée de conquérir des conditions de subsistance. Pour Silva (2008), ce lien entre travail et justice sociale s'établit au moins à travers deux dimensions : philosophique et historico-sociologique.

Dans la dimension philosophique, le travail renvoie à la justice étant donné qu'il possède une valeur immanente en ce qui concerne l'autoréalisation, la reconnaissance et, par conséquent, la justice sociale (Honneth, 2008 ; 2009). Il s'agit d'un aspect essentialiste du travail : indépendamment des formes qu'il revêt au cours de l'histoire, il est toujours un mode d'expression des compétences et donc de l'autoréalisation. Dans la dimension historico-sociologique, le travail met les individus au contact d'un ensemble de valeurs tandis que la justice est la forme socialement valorisée pour obtenir des conditions objectives de subsistance. Cette dimension est sujette à la variation historique : si dans certains pays d'Europe occidentale le fordisme est devenu la principale

---

[1] Texte traduit par Monsieur Pascal Reuillard, pascalr@terra.com.br.

norme d'utilisation du travail (travailleurs inclus dans une communauté de valeurs liées à la sécurité et aux droits du travail), l'ébranlement de ce paradigme à partir des années 1970 exige de repenser une telle dimension dans son lien avec la justice sociale.

Actuellement, la notion de justice sociale est scindée en deux perspectives théoriques : la perspective libérale[2], qui défend la priorité normative des droits et des libertés individuelles garantis par le biais de la distribution de biens. À l'opposé, la perspective communautarienne[3] donne la priorité normative aux conceptions substantielles de biens qui sont socialement partagées. Partant de là, il est possible de penser la justice sociale comme l'ensemble des relations de reconnaissance réciproque qui font des sujets des êtres autonomes capables de revendiquer du respect dans l'espace public (Honneth, 2009).

Dans la perspective libérale, le travail est un moyen de redistribution qui permet à l'État d'assurer une rémunération et des droits liés au travail. Dans la perspective communautarienne, les relations de travail sont le lieu de la construction toujours conflictuelle et intersubjective de la reconnaissance. Les disputes et les accords qui surviennent dans le travail dépendent des valeurs morales que partagent les sujets pour évaluer les capacités et les contributions les uns des autres. Le lien entre travail et justice sociale dans une perspective libérale est donc sans ambiguïté quand l'objet de réflexion est la norme de l'emploi salarié. Pendant le fordisme et grâce à un engagement entre le capital et l'État, elle a garanti une rémunération minimum appropriée – liée à l'augmentation des gains de productivité, voire la dépassant –, la stabilité de l'emploi avec les contrats à durée indéterminée, un ensemble de droits du travail et la protection sociale. C'est ce que l'on a dénommé le « compromis fordiste ».

Si l'on reprend ces conceptions de la justice dans le cadre de la dimension socio-historique du travail, on constate que le salariat en tant que norme et la perspective libérale sont étroitement associés. Pendant la période fordiste, le salariat s'est généralisé jusqu'à devenir la principale forme de mise au travail dans certains pays de l'Europe occidentale, où son importance matérielle (en matière de redistribution) et symbolique

---

[2]   Le libéralisme est un courant de pensée de la philosophie politique dont l'un des plus grands représentant est John Rawls (2008) et son projet théorique contractualiste, libéral-égalitaire et alternatif par rapport à l'utilitarisme.

[3]   Dans le débat de la philosophie politique, le communautarisme est une réponse au libéralisme et se soucie davantage des questions soulevées par les différences culturelles face à l'intégration sociale. Il a un versant « républicain » et un versant « théorie de la reconnaissance » (Taylor, 1995a).

(comme norme prédominante) sont indubitables. Au Brésil, par contre, la constitution de la société du travail est historiquement marquée par l'incapacité à généraliser cette norme et par la diversité structurelle des formes de mise au travail (Cardoso, 2010). Mais même si le salariat brésilien ne réussit pas à atteindre toute la population active, il est possible de considérer son existence en tant que norme d'emploi si l'on pense à la *Consolidação das Leis Trabalhistas* [Consolidation des lois du travail, CLT][4]. Quoi qu'il en soit – que la norme se soit ou non généralisée –, c'est à travers le contrat de travail formel et la régulation du travail par l'État que le lien entre le travail et la justice sociale est plus facilement perceptible.

Il existe aujourd'hui un processus mondial de pluralisation des normes d'emploi, qui fait perdre au salariat son statut de norme prédominante en raison de la multiplicité des modalités des contrats de travail (Carleial, Azaïs, 2007). Des dichotomies telles que formel x informel, employeur x salarié, cadre x ouvrier, salarié x chômeur, travailleur salarié x travailleur autonome, salariat x précarisation étaient jusqu'à présent des catégories-clés pour expliquer la réalité de la crise du fordisme. Néanmoins, elles ne sont plus suffisantes pour expliquer les formes de travail. Les références plurielles contemporaines ne peuvent plus être entendues seulement comme le contraire négatif de la norme salariée (Rosenfield, 2011).

Cette multiplication des modalités de contrat se caractérise par l'enchevêtrement de différentes formes de mise au travail et de statuts du travail (Azaïs, 2003). Avec la présence côte à côte des contrats formels et des accords informels, le lien entre travail et justice sociale – rendu possible par la prédominance du salariat comme norme pensée à partir d'une conception libérale et redistributive de justice – est devenu fluide. Au Brésil, l'expansion récente du salariat cohabite avec des contrats de travail atypiques, « des contrats qui fuient la norme de l'embauche à durée indéterminée par un seul patron » (Carleial, Azaïs, 2007, p. 401). Au moins deux formes de mise au travail illustrent cette hybridation : l'autoentrepreneur subordonné à une seule entreprise-client (Rosenfield, 2011) et la prestation de service par facture achetée ou empruntée.

L'auto-entrepreneuriat consiste en une prestation continue de services offerte par un seul individu pour une seule entreprise, et très souvent ce lien remplace la CLT (Rosenfield, 2011). L'employeur est exempté de taxes et l'employé peut prétendre à un plus gros salaire brut, mais il perd

---

[4]　N.d.T. : La CLT statue notamment sur les normes qui régulent les rapports individuels et collectifs de travail. La CLT régit encore les rapports de travail dans les entreprises privées brésiliennes et se matérialise par la *Carteira de Trabalho*, Livret de travail, véritable passeport où sont consignés tous les emplois par lesquels est passé l'individu.

ses droits du travail. Quant à la prestation de services par facture achetée ou empruntée, elle est une prestation de personne physique offerte par le biais d'une facture d'une personne morale. Elle peut être continue et remplacer la CLT ou intermittente. L'employeur ne paie pas de taxe fiscale et l'employé « emprunte » une facture à quelqu'un qui a une entreprise et il lui paie les impôts correspondants.

Le point commun entre ces deux formes hybrides de mise au travail est l'individualisation des contrats de travail, des rémunérations, des négociations des temps et des lieux de travail. Les accords individualisés priment sur le caractère collectif typique de la norme salariée (Azaïs, 2003, p. 381). En outre, elles indiquent l'échec d'une lecture duelle travail formel *vs* travail informel pour expliquer la réalité du travail dans sa complexité (*ibidem*). Il s'agit d'un processus global d'individualisation des rapports de travail qui ne se limite pas aux formes hybrides et transforme aussi les relations de travail salariées. Toutefois, l'étude des formes hybrides qui caractérisent ces transformations rend le lien entre travail et justice plus flou : la place de l'État entre le travail et la justice sociale, à travers la législation spécifique et universalisante, diminue au profit des accords construits un à un entre le demandeur et l'employeur.

Les garanties distributives du travail salarié traditionnel ne s'appliquent pas à ces autres formes d'insertion. Par conséquent, penser le lien entre travail et justice sociale seulement à partir d'une conception libérale ne suffit pas. Mais dire que la notion de redistribution n'est pas capable de relier le travail et la justice sociale dans les formes hybrides de mise au travail ne permet pas d'affirmer qu'il n'existe pas de liens entre les deux. En effet, il est possible d'établir ce lien structurel par le biais de la dimension philosophique du travail. Honneth indique que le travail continue d'occuper une place centrale dans le monde socialement vécu parce que « l'identité sociale est en premier lieu tributaire de son rôle dans le processus de travail organisé » (Honneth, 2008, p. 47). En fin de compte, il est nécessaire de réfléchir au type de lien qu'établissent le travail et la justice sociale dans une dimension historico-sociologique concrète et transformée, où même le salariat se transforme.

Puisque les formes hybrides d'insertion ne peuvent garantir au sujet la même chose que la norme salariée (stabilité, droits, protection sociale, etc.), que lui offrent-elles ? Et si regarder la dimension historico-sociologique du travail uniquement à partir d'une conception redistributive de la justice ne rend pas compte du lien entre justice sociale et travail dans les formes hybrides de mise au travail, comment se construit ce lien dans les formes exemplaires d'un processus global de diversification des normes d'emploi ?

Les questions qui se posent renvoient à la manière dont s'instaure la relation entre le travail et la justice sociale au-delà des limites du travail salarié fordiste. Par ailleurs, comment s'établissent les aspects redistributifs du rapport de travail dans un contexte de négociation individuelle et sans protection de l'État ?

L'objectif de cet article est de comprendre le lien entre le travail et la justice sociale en considérant les limites de la perspective libérale, et ce dans un contexte de diversification des normes d'emploi et de diversité structurelle des formes de mise au travail. La première partie propose un modèle d'analyse qui articule des possibilités théoriques de lecture du lien entre travail et justice sociale à travers le concept de solidarité. La seconde partie présente les résultats préliminaires d'une recherche exploratoire sur les formes hybrides de mise au travail. Les données empiriques et les réflexions présentées ici ne sont pas les résultats d'un processus de recherche achevé mais des pistes pour aller de l'avant. Plutôt que de chercher des réponses aux questions posées, il s'agit avant tout d'ouvrir de nouvelles voies pour les reformuler et trouver des indices de réponses possibles.

1. Clés de lecture : travail, justice sociale et solidarité

Dans les lignes suivantes, l'accent est mis sur le lien entre travail/ justice sociale et la notion de solidarité (Honneth, 2009). Pour construire un modèle capable d'appréhender la complexité que connaît le monde du travail contemporain avec les formes hybrides de mise au travail, il faut entrecroiser les quatre clés de lecture : dimensions philosophique et historico-sociologique du travail, conception libérale et communautarienne de la justice.

La dimension philosophique du travail renvoie à son caractère anthropologique, c'est-à-dire une activité humaine générale et transhistorique (Silva, 2008). Pour Hegel comme pour Marx, la définition du travail est marquée par deux aspects invariables (Sobel, 2004) : il est un événement qui exprime l'essence humaine et une activité créatrice de valeur[5]. D'un point de vue conceptuel, le travail est donc porteur d'une double dimension : objective (productive, économique) et symbolique (expression de soi, autoréalisation et, par conséquent, justice). Honneth se vaut de ces deux philosophes pour suggérer un accouplement structurel

---

[5] Ici, il s'agit de valeur dans le sens de la théorie de la valeur, de l'extraction de la plus-value et non pas de valeurs morales (au pluriel) qui est le sens utilisé dans le reste de l'article.

entre travail et reconnaissance : « chaque travail qui dépasse le seuil de l'occupation purement privée et autonome doit être d'une certaine manière organisé et structuré pour posséder la dignité de la reconnaissance promise par la société » (Honneth, 2008, p. 48).

Le travail digne de reconnaissance est public et met le sujet en relation avec les autres. Même s'il est immergé dans des valeurs économiques, le travail réussit à intégrer les sujets dans un ensemble de valeurs partagées – des valeurs qui leur permettent de valoriser leurs compétences et celles de leurs partenaires d'interaction.

Dans les sociétés capitalistes, ces aspects essentiels du travail sont présents parce que le marché du travail possède certaines caractéristiques normatives de fond, à savoir : doter le travail professionnel d'un salaire minimum et donner aux activités une forme qui permette de les reconnaître comme une contribution à l'ensemble social (Honneth, 2008). Ainsi, le travail exerce une double fonction par rapport à l'intégration des sujets dans la société, qui correspond aux deux dimensions essentielles *supra* citées. D'un côté, il offre une intégration normative par son rapprochement avec la reconnaissance sociale ; il insère les sujets dans des relations sociales où leur dignité et leur estime sont respectées. De l'autre, c'est par lui que survient l'intégration objective qui garantit des conditions de subsistance et d'accès à un ensemble de droits sociaux.

Il est important de ne pas confondre la dimension anthropologique (philosophique) du travail, c'est-à-dire une activité humaine générale, avec les formes modernes de travail (salarié, par exemple) (Silva, 2008) qui montrent les différentes formes de travail et le type d'intégration des sujets. L'une de ces formes historiques correspond au modèle fordiste, un élément structurant de la vie sociale entre les années 1950 et 1970 dans les pays occidentaux développés, qui a dépassé la dimension de la production et du travail pour devenir une forme de vie *sui generis*. Le travail salarié est une pratique de justice parce qu'il met les individus en lien avec des valeurs telles que la stabilité, la sécurité et l'action collective, qu'il se constitue comme la base de l'appartenance et de la construction de l'estime de soi. Cependant, il existe aujourd'hui une grande diversification des relations de travail et dans le même temps l'individualisation de la protection sociale, la flexibilisation et la précarisation, entre autres – des processus largement étudiés par la sociologie du travail (Guimarães, 2004). Cette diversification des relations de travail modifie la dimension historico-sociologique et donne lieu à ce qu'Azaïs (2003) nomme le « travail hybride ». Mais alors, comment penser ici le lien entre le travail et la justice sociale si une grande partie des travailleurs a perdu la garantie de ses droits sociaux promue par la norme salariée classique ? Il faut recourir aux différentes conceptions de la justice couramment présentes dans la théorie et la philosophie politique pour les penser conformément aux transformations historiques du travail.

Dans les années 1990, le débat sur les théories de la justice a culminé avec deux positions opposées : une position libérale qui soutient la priorité normative des libertés et des droits individuels garantis par l'État démocratique de droit. Et une position communautarienne/multiculturaliste qui défend la priorité normative de conceptions substantielles du bien socialement partagées ; en d'autres termes, les droits et libertés garantis au nom de la justice sociale doivent être préalablement informés et conçus à partir d'une notion spécifique de « vie bonne » (Taylor, 1995b ; Honneth, 1995 ; Habermas, 1995).

Au-delà de cette divergence de base, voir comment chacune des positions conçoit le travail peut aider à penser le lien entre travail et justice sociale dans les formes hybrides de mise au travail. Dans la perspective libérale, le travail est envisagé à partir de ses dimensions objectives (rémunération, droits et protection sociale, lien formel, etc.) et, par voie de conséquence, interprété selon un paradigme distributif. L'approche du travail dans une conception libérale de la justice paraît être plus claire et mieux diffusée ; parallèlement, les luttes des travailleurs sont citées en exemple dans les réflexions sur la justice distributive.

La redistribution a été un thème fondamental pour les luttes sociales de l'ère fordiste en Europe occidentale. En regroupant de grandes philosophies du libéralisme égalitaire après la Seconde Guerre mondiale, le paradigme de la justice distributive semblait mieux adapté pour analyser les revendications des travailleurs (Fraser, Honneth, 2006, p. 13). D'après Cardoso (2010), le capitalisme dans le monde occidental a été légitimé par sa capacité redistributive médiée par l'État-providence à travers la réduction de l'inégalité d'opportunités ; en somme, en garantissant une mesure de justice sociale basée sur une conception libérale. Les travailleurs organisés ont été les acteurs principaux des arrangements politiques redistributifs établis dans des milieux contestataires et turbulents. S'il s'agit là de la réalité de l'Europe occidentale, il est possible d'affirmer que ces questions se sont aussi posées dans le contexte de la construction de la société du travail au Brésil : un État-providence s'est formé sur un mode particulier, même s'il n'a pas été capable d'universaliser la redistribution (Cardoso, 2010, p. 17). Finalement, le travail salarié est relié conceptuellement et historiquement à une notion de justice sociale pensée en termes de redistribution du revenu et d'accès à des droits sociaux.

Mais à partir du moment où se perd l'association entre le concept libéral et la réalité concrète du salariat comme norme d'emploi dominante, repenser le concept de justice devient nécessaire. Du point de vue du « droit », les formes hybrides de mise au travail sont précaires : l'auto-entrepreneur et la prestation de services par facture achetée ou empruntée ne garantissent aucun droit du travail ni accès à la sécurité sociale. Pourtant, comparer les nouvelles formes de mise au travail avec la norme salariée ou les définir négativement ne suffit pas. Il faut rechercher de nouvelles perspectives théoriques qui permettent de réfléchir à ces formes hybrides.

La perspective communautarienne permet de penser le travail depuis une dimension morale sous-jacente qui tient compte des relations intersubjectives de construction de soi et du lien social qu'il permet dans les sociétés capitalistes. Avec sa théorie de la reconnaissance, Honneth (2009) propose de considérer le rapport entre la justice et le travail sous une autre dimension : celle de la solidarité. Dans cette perspective, le lien entre travail et justice sociale passe par une conception de la reconnaissance ; si cette dernière est intrinsèquement essentialiste, elle devra devenir historique avec la mobilisation du concept de « solidarité ».

Étant donné que la perspective libérale redistributive ne rend plus compte de la réalité empirique actuelle, il faut faire un pas en arrière et penser le travail à partir de ce qu'il est capable d'offrir aux sujets : l'intégration dans un réseau de division du travail et une forme d'expression de soi. La notion de solidarité est fondamentale pour mobiliser simultanément la dimension philosophique (avec l'idée d'autoréalisation par le travail) et la dimension historico-sociologique. La solidarité est la sphère de la reconnaissance[6] où se construit intersubjectivement l'estime sociale de la personne ; ses capacités individuelles qui la différencient des autres sont valorisées et sa contribution à la construction de l'ensemble social est unique. Il s'agit de la construction de l'individualité de laquelle dérive une mesure d'estime de soi, un sentiment de valeur personnelle liée à la présupposition d'une communauté de valeurs partagées et aux objectifs communs. Dans les sociétés capitalistes contemporaines, dominées par une interprétation unilatérale du principe du mérite, la construction de la solidarité est associée à la compétition pour un statut professionnel. Les sujets apprennent à se considérer comme des sujets dotés de talents et de compétences utiles, qui possèdent une valeur pour la société (Honneth, 2009).

---

6   La reconnaissance intersubjective se constitue autour de trois sphères : amour (construction de la confiance en soi à partir des premières relations), droit (construction de soi comme sujet de droit à partir des relations juridiques) et solidarité (Honneth, 2009).

Ainsi, le travail et la justice sociale sont liés par la capacité du travail à créer de la solidarité, à permettre la construction de l'individualité et donc de la reconnaissance réciproque entre les sujets. La conception adoptée de la justice se rapproche de la vision communautarienne mais ne s'y résume pas pour étudier le rapport entre la justice sociale et le travail dans les formes hybrides de mise au travail à partir du concept de solidarité (Honneth, 2009). Si dans le cas de la prédominance de la norme salariée les accords relatifs au travail étaient fortement régulés par l'État et par les institutions représentatives des travailleurs, tout indique que dans les formes hybrides ces accords s'établissent par le biais de disputes autour de (nouvelles) valeurs morales communément partagées, qui permettent d'évaluer les mérites et les contributions du sujet. Cela étant, il faut partir de l'analyse des négociations et des accords disputés entre les acteurs impliqués pour tenter d'appréhender les valeurs morales de ces formes de mise au travail.

D'où l'importance de proposer un tournant pragmatique à la Théorie de la reconnaissance (Honneth, 2009)[7] – du moins en ce qui concerne la solidarité –, en pensant à la lutte pour la reconnaissance comme une multiplicité de microluttes quotidiennes dont les contenus (les demandes se produisent en situation professionnelle face aux pairs ou à l'employeur) sont plus importants que la forme qu'elles prennent ou peuvent prendre (individuelle, collective, organisée, tacite, etc.). Faire ce choix ne signifie évidemment pas qu'il n'y ait pas de lutte organisée et collective dans la sphère de la solidarité par rapport aux formes hybrides de mise au travail, pas plus que le droit n'est ignoré dans les luttes du travail. Cela signifie que l'on mise sur la tension inhérente aux formes de mise au travail peu unies (comme celles étudiées). Et si cette microlutte est individuelle, rien n'empêche qu'elle soit tacitement partagée puisqu'elle est sous la domination des aspirations subjectives – parmi lesquelles peut être placée ou non la perspective du droit. Ce changement pragmatique – une cartographie des luttes de ces acteurs à un niveau microsociologique (Heinich, 2006)

---

[7] Une question qui se pose dans l'utilisation de la Théorie de la reconnaissance est le caractère initialement central qu'elle attribue à la lutte pour une reconnaissance collective et organisée. Toutefois, cette définition semble être relativisée dans *Reconnaissance et redistribution* (Fraser, Honneth, 2006) quand Honneth reproche à Fraser de ne faire attention qu'aux mouvements politiques organisés qui apparaissent sur la sphère publique après une « présélection » médiatique. Pour lui, il y a des formes de souffrance provoquées institutionnellement dont l'existence est préalable et indépendante de l'articulation politique. C'est pourquoi il pense qu'une théorie critique de la société ne doit pas se tourner seulement vers les mouvements sociaux (Honneth, 2006, p. 94) et défend une phénoménologie des expériences de reconnaissance.

– permet de récupérer la dimension de la négociation quotidienne de reconnaissance, qui ne se fait pas sans conflit. Cette négociation s'opère avec la mobilisation de valeurs qui donnent aux sujets engagés la possibilité d'évaluer leurs objectifs de reconnaissance et leurs modes de vie, basés sur une conception sous-jacente et préalablement partagée de ce qu'est une « bonne vie ».

2. La pluralité des formes de négociation dans le travail

C'est donc à partir de la reconnaissance et de la solidarité que sont étudiés les petits accords (tacites ou en cours de négociation) et conflits (voilés ou ouverts) vécus par les sujets insérés dans des formes hybrides de travail. Par le biais des valeurs mobilisées dans de tels contextes, l'objectif est d'effectuer un relevé des luttes à un niveau microsociologique pour penser le lien entre le travail et la justice au-delà de la justice redistributive, sans pour autant la laisser de côté. Autrement dit, penser à la manière dont se constitue la justice redistributive du travail dans un contexte de négociation individuelle et sans protection de l'État, discerner les valeurs morales en jeu dans ces négociations.

Dans cette perspective, trois entretiens semi-structurés avec des professionnels du marché de la production audiovisuelle ont été réalisés et analysés. Il s'agit d'un marché de travail caractérisé par des pratiques informelles d'embauche, où la rémunération individuelle est préétablie par les syndicats. Cependant, plusieurs autres aspects de la relation professionnelle (ou prestation de services) doivent être négociés individuellement. Les problématisations et les systématisations qui suivent sont réalisées à partir de ce petit nombre d'entretiens qui, dans un contexte de très grande pluralité des formes de mise au travail, représente une petite (mais riche) portion de cette diversité. Les formes d'insertion qui apparaissent sont exemplaires de la construction des accords sur le travail construits un à un par l'employeur et le demandeur d'emploi.

Le profil des personnes interrogées est divers : l'entretien 1 est une jeune femme de 26 ans, titulaire d'une formation supérieure en journalisme et qui travaille comme assistante de production. Au moment de l'entretien, elle est sans emploi mais vient de travailler pendant cinq années successives pour une même société de production de Porto Alegre, qui fait de la programmation pour la télévision. Le fait d'avoir débuté comme stagiaire l'a mise en contact avec la CLT. L'entretien 2 est un homme de 51 ans sans formation spécifique, qui travaille comme *cameraman* et éditeur d'images. Il propose ses services à différentes sociétés de production de Porto Alegre depuis dix-huit ans et de Rio de Janeiro depuis six ans. Il est en charge de la programmation pour la télévision et le cinéma. Si pendant longtemps il a été payé moyennant un RPA (Reçu de paiement pour travailleur autonome) ou des factures achetées à des collègues, depuis quelques années il est inscrit comme micro-entrepreneur individuel et reçoit 400 reais (environ 100 €) par jour. L'entretien 3 est un homme de 33 ans à la recherche d'une formation supérieure en arts visuels. Il est machiniste depuis près de treize ans et travaille pour plusieurs sociétés de production de Porto Alegre. Il intervient dans le domaine de la publicité et du cinéma et gagne 350 reais/jour (environ 80 €). Il a tenté de s'installer comme micro-entrepreneur mais n'a pas réussi à faire face aux charges fiscales, par conséquent il achète des factures à ses collègues.

Le premier aspect important du vécu de ces travailleurs est la négociation et la composition des rémunérations. Même si elle est une salariée « formelle », la jeune femme de l'entretien 1 gagne un salaire mensuel de 1 690 reais (environ 390 €) qui se décompose ainsi : 1 100 reais (255 €) inscrits sur sa fiche de paie et 590 reais (135 €) supplémentaires mais non déclarés, auxquels s'ajoute un revenu variable provenant de cachets d'enregistrements effectués les week-ends. Cette composition multiple du salaire est illustrative du caractère hybride du travail salarié dans le contexte analysé : les règles collectives sont mises en tension par les accords signés individuellement.

Pour les sujets 2 et 3, la valeur préétablie de leurs journées de travail n'équivaut pas aux jours travaillés. Pour le sujet 3 (plus fragilisé sur un marché de travail présentant moins d'opportunités et qui ne parvient pas à maintenir son statut formel), chaque projet équivaut à un seul paiement, y compris quand il dure plusieurs jours. Le sujet 2 est inséré dans un marché de travail plus dynamique et mieux structuré (dans la ville de Rio de Janeiro), ce qui lui donne la possibilité de négocier le nombre de jours travaillés sous la forme de « cachets ».

Au-delà des négociations autour des rémunérations, les trois sujets vivent aussi une série d'autres conflits intersubjectifs plus ou moins voilés et passent des accords plus ou moins tacites dans leur quotidien professionnel. Dans le cas de la jeune femme, ses demandes (pour une meilleure rémunération et pour de nouvelles opportunités professionnelles) sont accompagnées d'argumentations auprès de son chef – les deux acteurs mettent en avant la valeur morale de leur travail. Quand elle demande à être licenciée, l'employeur lui propose un accord : elle devra lui reverser 40 % de la prime de licenciement, en échange de quoi elle pourra garder son emploi quelques mois supplémentaires.

Je me suis mise d'accord avec lui que j'allais rester jusqu'à ce qu'il trouve quelqu'un d'autre. (Ensuite) on est allés à Rio pour un événement et on est revenus. Quand on est rentrés de Rio, il est venu me voir et il m'a donné une liste de tâches à faire pour mettre les choses en ordre et il m'a dit « dès que tu finis la liste, tu peux t'en aller ». Je lui ai répondu : « Mais je croyais que tu allais prendre quelqu'un d'autre, et moi je comptais sur ces deux mois en plus de salaire ». Et lui : « je ne vais mettre personne à ta place, pour le moment je ne peux pas. Donc quand tu auras fini ça, tu pourras partir ». J'étais stupéfaite, parce que ce n'est pas ce qui avait été décidé (entretien 1).

Il s'agit d'un accord informel où l'employeur ne respecte pas son engagement et licencie son employée avant le délai établi entre eux, ce qui donne lieu à un conflit ouvert.

Alors on s'est disputés parce que je lui ai dit que je n'allais pas lui rendre les 40 %. Je lui ai dit : « Je vais recevoir très peu d'assurance chômage, et les 40 %, environ 2 000 reais, ne vont pas te manquer. » Il n'était pas content. Mon dernier jour de travail, il a relancé la discussion sur les 40 % : « Les cours que je t'ai payés, les voyages que tu as faits avec nous, j'ai investi sur toi. Quand tu es arrivée ici, tu ne savais rien. » Je lui ai dit : « Et je te remercie pour tout ça. Si tu as été un bon chef, j'ai été une bonne employée, donc c'est à double sens, tu comprends ? Donc je ne vois pas pourquoi je devrais te rendre les 40 %. » Et lui : « Comme ça tu me mets dans le pétrin, je n'ai pas d'argent pour te payer ». Et ça a continué, j'ai compris que la discussion irait loin (Entretien 1).

Puisqu'il est question d'une relation à long terme qui a déjà été stable, certaines conditions sont réunies pour un conflit ouvert. Le dévouement et le fait d'être une « bonne employée » émergent comme une valeur intrinsèque de cette relation, d'où une microlutte pour la reconnaissance dans la sphère de la solidarité : en voyant la valeur de ses contributions (réduites à une liste) méprisée et l'accord ignoré, elle s'engage dans une demande de réparation. Mais malgré la possibilité de négociation, la résolution de cette situation de crise passe par la restitution au patron de l'argent auquel elle avait droit. Qu'il s'agisse d'une relation salariée ou d'une prestation de services, il est important de noter que la relation de négociation n'est pas symétrique. Les relations de travail ne sont plus hiérarchisées et rigides comme elles ont pu l'être dans le modèle fordiste de production, mais cela ne signifie pas pour autant la concrétisation d'un accord construit sur une relation entre égaux ; même les droits du travail sont relativisés, plus pensés comme faveur que comme droit.

Dans ce sens, le conflit ouvert reste rare dans les formes hybrides de mise au travail : les conflits sont latents et il y a un entendement mutuel des devoirs à remplir. C'est par exemple les cas où le travailleur a la possibilité de choisir : un « code » implicite pèse sur le choix et son adoption fera de lui un bon travailleur.

> Quand il y a deux boulots le même jour, ou au même moment, la priorité revient à celui qui est entré en contact le premier. J'ai déjà dû refuser plusieurs boulots qui étaient financièrement plus intéressants parce que je m'étais déjà engagé avec une autre société de production avant. Il arrive que tu réussisses à négocier quelque chose. Quand tu travailles déjà depuis longtemps pour une société de production et que tu la connais bien, tu te fais remplacer par ton clone [...] mais s'il y a un problème, qu'est-ce qui se passe ? Ils vont m'appeler, moi. Tu comprends ? (Entretien 2).

La négociation est basée sur un *ethos* du travail, une posture professionnelle partagée par des sociétés de production et des prestataires de services, qui neutralise des aspects des contributions spécifiques de chaque individu au travail produit en commun. Les relations sont fondées sur des accords tacites que l'on évite de remettre en question. Il n'y a pas de mobilisation des valeurs liées à l'individualité des contributions puisqu'elles sont communes à tous les professionnels concernés. Face à l'impossibilité d'une marge de manœuvre, beaucoup de conflits restent voilés, à l'exemple de ce qui se passe avec la reconnaissance du travail accompli.

> J'en ai un peu marre de cette instabilité, de cette bagarre d'egos, en réalité [...] [Dans la publicité], sur la question d'être l'auteur du travail, en fait, et j'analyse crûment, je pense que ça n'a rien à voir, vous comprenez ? C'est une exécution et les personnes pensent qu'ils font de l'art, qu'ils créent un grand spectacle, vous comprenez ? C'est pour ça que ça me dérange beaucoup, [...] les personnes pensent qu'elles font quelque chose de grand, vous comprenez ? Que ce sont des artistes, qu'elles produisent quelque chose là où les possibilités de créer sont infimes, vous allez reproduire (Entretien 3).

Le conflit est voilé et généralisé, mais provoqué par un désir d'expression de soi à travers le travail, par une attente morale d'authenticité (Taylor, 1995a). En d'autres termes, par un désir de contribution à travers le travail et de reconnaissance des habiletés individuelles qui font du sujet un sujet unique. C'est pourquoi l'instabilité de ces formes de mise au travail dérange, parce qu'elles ne permettent pas d'accéder à un statut professionnel jugé socialement adapté.

> Un professionnel qui travaille bien aura une moyenne d'heures dans l'année, il aura environ sept prestations de service par mois, voire dix. S'il en a dix

par mois, il n'aura aucun problème ! Bien sûr, ce sont 5 000 reais par mois
(1 156 euros), c'est un bon salaire. Mais qui est-ce qui gagne ça ? Personne,
non ? Mais au moins vous pouvez déjà payer la mutuelle, l'école privée de
votre enfant, un loyer ou acheter des biens (Entretien 3).

Globalement, les demandes de reconnaissance des sujets concernés
par les formes hybrides de mise au travail connaissent un certain degré de
fragilité. Ils aspirent à une meilleure rémunération, au respect d'accords,
au désir que leur travail soit réellement pris en compte. Le caractère tacite
et généralisé des accords et des normes rend difficile l'élaboration de
demandes de reconnaissance au sens le plus élémentaire de la solidarité :
le sens de ce qui est individuel et particulier, unique, qui paraît s'établir
comme une barrière pour l'engagement des sujets dans des microluttes
pour la reconnaissance. Si ce qui est en jeu n'est pas l'individualité mais
une norme implicite qui touche prétendument tout le monde de la même
façon, la perception du manque de respect, de la restriction de l'autonomie
et de l'assujettissement est problématique.

Considérations finales

Par leur diversité, les entretiens renseignent sur les aspects (in)formels
du travail dans le domaine de la production audiovisuelle. Ces aspects
vont des pratiques informelles d'embauche jusqu'aux normes généralisées
des syndicats qui établissent les montants des prestations. Toutefois,
avoir connaissance des deux extrêmes ne doit pas nous faire perdre
l'intérêt sociologique de toutes les pratiques sociales qui s'insèrent dans
ce *continuum*. L'insertion formelle et continue apparaît comme *locus* des
négociations basées sur des questions de reconnaissance des capacités et des
compétences du sujet. Dans les liens intermittents, les règles sont données
d'avance et les négociations ne passent pas par la valeur des contributions
individuelles, mais par des accords tacites. Dès lors, il est possible de
formuler l'hypothèse (qui reste encore à confirmer) que lorsque des normes
régissent la relation, les acteurs peuvent s'en servir comme base et négocier
ouvertement – les valeurs morales mobilisées sont liées à la valeur des
sujets. La règle les protège. En l'absence de cette règle, les relations entre
personnes se fragilisent et les accords tacites ne sont pas remis en cause, les
auteurs craignant de le faire. Sans règle (et sans syndicat pour la négocier
collectivement), la négociation est un risque.

Il faut donc élargir la problématique et se tourner vers la construction
d'un modèle d'analyse plus complet. Si dans la perspective libérale le travail

juste est une forme d'accès à la protection sociale, dans la perspective communautarienne le travail et la justice sont reliés par la dimension de la solidarité, immanente au travail mais sujette à des transformations historiques. Dans un paradigme distributif, les libertés et les droits individuels sont garantis par la distribution de biens. À l'opposé, sous l'angle de la reconnaissance la matière de la justice sociale est composée de relations de reconnaissance réciproque, où les sujets sont des êtres autonomes capables d'exiger le respect dans l'espace public. Si la base fondamentale de la conception communautarienne de la justice est formée des conceptions socialement partagées de « bonne vie », cela signifie que la justice possède une dimension intersubjective : quelque chose est jugé juste parce que reconnu comme tel.

Les entretiens montrent que le caractère intersubjectif de la justice peut se manifester de trois manières au moins dans la sphère de la solidarité : a/ conflits ouverts, avec des conditions extérieures de constitution de microluttes pour la reconnaissance autour des valeurs morales du bon travail et du bon travailleur ; b/ accords tacites basés sur un *ethos* du travail implicitement placé dans les relations entre prestataires de service et employeur, qui établissent des obligations communes sur l'attitude professionnelle correcte ; c/ conflits voilés dérivés d'une quête d'authenticité dans le travail, où l'acteur ne peut pas montrer au grand jour qu'il est assujetti à un travail inauthentique.

Dans les formes hybrides de mise au travail, les accords à caractère redistributif ne sont pas du ressort de l'État. Ils sont faits à travers des négociations individuelles qui sont simultanément traversées par des règles collectives subissant constamment des tensions. L'insertion dans l'espace public et dans des relations construites autour de valeurs partagées (où la possibilité d'expression des compétences individuelles et des contributions sociales à partir desquelles se construit un sentiment d'estime sociale dépend d'accords tacites difficilement remis en cause) renforce la fragilisation des liens sociaux qui se constituent à partir des formes hybrides de mise au travail. Les travailleurs se retrouvent du côté le plus faible, le conflit est latent et les demandes de reconnaissance ne sont pas prises en compte. La mobilisation des valeurs morales du bon sujet, du bon travail et de la bonne attitude professionnelle dépend de la situation. D'où les questions suivantes : les formes de mise au travail où travail et justice sont liées selon la situation et individuellement sont-elles justes ? Le monde du travail peut-il se passer des conquêtes collectives en matière de redistribution, de droits, de sécurité et de stabilité de l'emploi et être une source de justice sociale dans le sens de l'intégration des individus à un ensemble de valeurs morales partagées qui permettent la lutte pour la reconnaissance ? Ces interrogations ouvrent à un large champ de recherches.

Bibliographie

Azaïs Christian, 2003, « Formes de mise au travail hybridation et dynamique territoriale », *Revue d'Économie Régionale & Urbaine*, 3 (juillet), p. 379-394.

Cardoso Adalberto Moreira, 2010, *A construção da sociedade do trabalho no Brasil. Uma investigação sobre a persistência secular das desigualdades*, Rio de Janeiro, Editora FGV.

Carleial Liana, Azaïs Christian, 2007, « Mercado de trabalho e hibridização : uniformidade e diferenças entre França e Brasil », *Caderno CRH*, Salvador, vol. 20, n° 51, set.-dez., p. 401-417.

Fraser Nancy, Honneth Axel, 2006, « Introducción : ¿Redistribución o reconocimiento ? », *in* Fraser Nancy, Honneth Axel, *¿Redistribución o reconocimiento ?* Madrid, Ediciones Morata, p. 13-16.

Guimarães Nadya Araujo, 2004, *Caminhos cruzados. Estratégias de empresas e trajetórias de trabalhadores*. São Paulo, Editora 34.

Habermas Jürgen, 1995, « Três modelos normativos de democracia », *Lua Nova*, São Paulo, n° 35, p. 39-53.

Heinich Nathalie, 2006, « La sociologie à l'épreuve des valeurs », *Cahiers internationaux de Sociologie,* vol. CXXI, p. 287-315.

Honneth Axel, 2009, *Luta por reconhecimento : A gramática moral dos conflitos sociais,* São Paulo, Editora 34.

Honneth Axel, 2008, « Trabalho e reconhecimento. Tentativa de uma redefinição », *Civitas*, Porto Alegre, vol. 8, n° 1, p. 46-67, janvier-avril.

Honneth Axel, 2006, « Redistribución como reconocimiento. Respuesta a Nancy Fraser ». *in* Fraser Nancy, Honneth Axel, *¿Redistribución o reconocimiento ?* Madrid, Ediciones Morata, 2006, p. 89-148.

Honneth Axel, 1995, « The limits of Liberalism : On the political-ethical discussion concerning Communitarianism ». *The fragmented world of the social : essays on social and political philosophy*, Albany, State University of New York Press, p. 231-246.

Rawls, John, 2008 [1971], *Uma teoria da justiça*. São Paulo, Martins Fontes.

Rosenfield Cinara, 2011, « Trabalho decente e precarização », *Tempo Social*, São Paulo, vol. 23, p. 247-268.

Silva Josué Pereira da, 2008, *Trabalho, cidadania e reconhecimento*, São Paulo, AnnaBlume.

Sobel Richard, 2004, « Travail et reconnaissance chez Hegel. Une perspective anthropologique au fondement des débats contemporains sur le travail et l'intégration », *Revue du MAUSS*, n° 23, janvier-juin, p. 196-210.

Taylor Charles, 1995a, « Cross-Purposes : The Liberal-Communitarian Debate », *in* Taylor Charles, *Philosophical Arguments*, Cambridge, Harvard University Press, p. 181-203.

Taylor Charles, 1995b, « Liberal Politics and the Public Sphere ». *in* Taylor Charles, *Philosophical Arguments,* Cambridge, Harvard University Press, p. 257-287.

Sécurité de la profession, insécurité des professionnels

La zone grise de l'emploi chez les pilotes d'hélicoptère au Brésil

Christian Azaïs

*Professeur de sociologie, Cnam
(Conservatoire national des arts et métiers),
LISE/UMR 3320 - Paris, christian.azais@lecnam.net*

Introduction

La profession de pilote d'hélicoptère est fortement réglementée en raison de l'exigence de sécurité dictée par les organisations internationales de l'aviation civile – l'OACI (Organisation de l'aviation civile internationale, la FAA (*Federal Aviation Administration*) étatsunienne, l'AESA (Agence européenne de la sécurité aérienne), que reprennent à leur compte les autorités locales brésiliennes, militaires et civiles, soucieuses d'éviter tout accident fatal.

Les exigences faites aux pilotes pour exercer leur profession sont telles que l'on pourrait s'attendre à ce qu'il en soit de même dans le domaine des relations de travail et d'emploi. Or, les choses sont moins nettes. Certes, les conventions collectives de la catégorie[1] énumèrent toute une série de règles incontournables, mais les pratiques relatées par les professionnels du secteur montrent que le relatif « excès » de normes – contre lequel ils s'insurgent – donne lieu à des accommodements en matière d'emploi

---

[1] Convenção coletiva de trabalho Aviação regular 2014/2015 – SNA/SNEA, URL : http://www.aeronautas.org.br/convencao-coletiva-de-trabalho-da-aviacao-regular-20142015/_–, consulté le 20 janvier 2016. Le SNA est le Syndicat national des aéronautes, le SNEA, le Syndicat national des entreprises aériennes (*Sindicato nacional das empresas aeroviárias*).

et de protection collective qui ont une incidence directe sur la relation d'emploi et les conditions de travail. Les règles, qualifiées ici de « sécurité de la profession », se révèlent plus rigides que celles qui ont trait aux relations de travail et d'emploi, désignées par l'expression « insécurité des professionnels ». Pour traduire cette « insécurité », j'en appellerai à la notion de « zone grise »[2], expression des incertitudes dont sont la proie les protagonistes mais aussi leurs doutes et leurs réactions quant à l'avenir flou de la profession et à un glissement vers des normes moins stabilisées.

Je partirai de la notion de zone grise, ligne directrice du propos qui se poursuivra sur la présentation des cadres réglementaires international et national de la profession, pour montrer que l'accent sur la sécurité occulte en fait des pratiques issues pour partie de la segmentation de la profession, qui renforcent la notion de zone grise et lui confèrent une dimension heuristique. L'argumentaire vise à insister sur le fait que même une profession aussi réglementée que celle de pilote d'hélicoptère, typique de ce que l'on pourrait qualifier sur une palette colorée de « zone blanche » du salariat, n'est pas exempte de tentatives visant à la flexibiliser et à s'attaquer aux trois piliers de la relation d'emploi : la subordination, les salaires et rémunérations et les droits et statuts protecteurs (Bentein, Guerrero, 2008).

1. La notion de zone grise : primauté de l'incertitude

Cette notion à laquelle nous recourons est intimement liée à la relation d'emploi, elle prétend en dévoiler les indéterminations et mettre l'accent sur l'incertitude croissante à laquelle sont confrontés les salariés. De même, elle illustre les changements dans la relation d'emploi, telle que Bentein et Guerrero (2008) l'ont qualifiée. Ainsi, cette notion a pour objet de cerner les transformations qui caractérisent aujourd'hui ce rapport social.

La zone grise procède de deux mouvements : d'un glissement de statut pour des professions déjà existantes – c'est le cas de la profession de pilote d'hélicoptère – ou, dans le cas de figures émergentes et de nouvelles professions, de normes renvoyant à une institutionnalisation inégale. Elle fait appel à deux autres processus, caractéristiques de l'époque actuelle : l'instabilité des relations de travail et d'emploi et ce faisant, du troisième

---

[2] Programme ANR ZOGRIS (2011-2015) « L'évolution des normes d'emploi et nouvelles formes d'inégalités ; vers une comparaison des zones grises (Brésil, États-Unis, France) ? », coordonné par Donna Kesselman (UPEC-Créteil/IMAGER). L'équipe est composée de chercheur-e-s de ces trois pays et du Mexique.

volet de la relation d'emploi, celui des droits, de la protection et des statuts. Elle coïncide avec l'apparition de frontières de plus en plus floues entre les formes d'emploi et de travail, voire même d'activités ou d'occupations – le bénévolat étant un exemple (Simonet, 2010) – mais aussi avec les formes de mise au travail, qui ne permettent plus de raisonner de manière binaire (légal/illégal, formel/informel, autonome/subordonné, protégé/non protégé, etc.), à l'instar des catégories construites sur la base du rapport salarial fordiste. La zone grise est polysémique, elle se rapporte aussi aux dérogations par rapport aux normes, à la « naturalisation de l'atypique » (Silva, 2016), ce qui ressemble à des libertés prises avec les règles et renvoie à un univers d'indéterminations, d'incertitudes, d'insécurité. Aujourd'hui, la zone grise est devenue un trait important des relations d'emploi et de travail. Sans en faire un concept, ce qui reviendrait à la réifier et lui ôter sa qualité de processus, nous insistons dans l'équipe Zogris sur le fait qu'elle permet de saisir les dynamiques dans un monde du travail mouvant où les protections tendent à s'effilocher. Elle met aussi en évidence le fait que le rapport à la norme fordiste, sur laquelle se sont construites les catégories, interprétations, représentations et nomenclatures, en majorité binaires, des relations d'emploi et de travail, sont dépassées et qu'il convient méthodologiquement de proposer une autre lecture du modèle, qui considère la diversité des formes de mise au travail « atypiques ». Bourhis et Wils (2001, p. 72) soulignaient déjà que le « terme atypique lui-même implique une comparaison avec une norme qui elle-même ne fait pas l'unanimité ». La zone grise est aussi le résultat du contournement des normes, elle peut être soit de nature institutionnelle soit se référer à l'emploi.

Ces situations que la loi n'a pas encore balisées ou qu'elle ne réussit pas à baliser composent la zone grise. Il ne s'agit pas d'une nouvelle catégorie analytique qui viendrait s'ajouter aux pratiques informelles ou qui se confondrait avec elles. Elle vise à pointer les zones de flou juridique laissées par le législateur, qu'entrepreneurs ou travailleurs investissent. Elle participe de l'entendement des frictions, des luttes que mènent les protagonistes dans la défense de leurs intérêts. En pointant les situations où le Droit n'a pas encore statué ou pour lesquelles le flou est préféré, elle a un rôle instituant qui s'accommode parfaitement de la dynamique des relations sociales qu'elle reflète.

Une première analyse de la zone grise en révèle deux sortes, une zone grise institutionnelle et une zone grise de l'emploi. L'architecture institutionnelle de la profession est alors convoquée, car c'est à partir d'elle que se jouent les tentatives de contournement des règles, des pratiques qui dévoilent soit le souhait de donner du lest à un système rigide, soit d'user de l'informalité quand elle préserve le fonctionnement du système. La première fait référence aux brèches laissées par la législation, soit parce que la norme est en construction ou pas appliquée, soit parce que l'informalité convient aux partenaires.

Sur le plan du travail et de l'emploi, la zone grise renvoie aussi à l'hybridation (Azaïs, 2003), *i.e.* à l'enchevêtrement de formes multiples de contrats de travail, qui se traduit dans la façon dont les professionnels liés au secteur s'approprient ou contournent la loi et, dès lors, participent à l'élaboration d'un nouveau cadre normatif ou contournent l'existant. Le marché du travail des pilotes d'hélicoptère est un « marché fermé », les barrières à l'entrée y sont élevées, ce qui, d'un côté, protège les professionnels, mais, les rend captifs du milieu dans lequel ils évoluent : tous se connaissent et, comme le disait une pilote « l'entreprise dans laquelle je travaille aujourd'hui m'offre certains avantages, si je la quitte pour une concurrente, je pourrai y perdre sur un plan mais j'y gagnerai sur un autre, car elle m'offrira d'autres bénéfices ». Ses déclarations, proférées alors qu'elle expliquait que son entreprise ne respectait pas à la lettre la loi concernant le temps réglementaire de repos et que la dénoncer ne servirait à rien puisque ses concurrentes faisaient de même et que c'était une pratique courante dans le secteur, montrent bien comment les entreprises « jouent » avec la loi, la contournent de telle façon que toute plainte de l'employé devient vaine.

L'approche juridique des transformations de la relation d'emploi présente des limites en ce qu'elle envisage la question de la (re)qualification du lien de subordination (*class action*, aux États-Unis) à partir du strict point de vue du champ de l'application du Droit du travail salarié. Pour sa part, la notion de zone grise fait état de la pluralité des sources, des lieux et des formes de subordination mais aussi des acteurs, anciens et nouveaux, engagés dans un rapport de subordination et qui agissent à de multiples niveaux, dans un espace pluridimensionnel. Ainsi, penser la zone grise aide à souligner le fait que la codification de la relation d'emploi est une question politique en devenir, ce qui permet de la considérer comme espace instituant. Ce faisant, l'indétermination radicale, irréductible au rapport des travailleurs entre eux et à l'ensemble des conditions de l'organisation et de la mise en œuvre de l'activité est soulignée. La référence à des « lieux » en mouvement, à la dynamique des interactions entre les composantes de l'activité de travail (déconstructions, recompositions, flexibilité) participe de la volonté de transcender les dichotomies (employeur/salarié ; salarié/travailleur indépendant ; public/privé, etc.), qui embrouillent les esprits et ne permettent pas de capter la richesse de la matière sociale.

L'espace instituant, résultat de dynamiques issues de la globalisation, illustre la variété des configurations en rupture ou dans le prolongement des cadres nationaux traditionnels de régulation de la relation d'emploi, en prenant en considération l'action des firmes, des territoires et de la société civile, dans une approche plus complexe et plus riche que celle limitée au Droit. Ainsi, la zone grise pointe l'incertitude provoquée par le jeu des acteurs dans l'institutionnalisation de pratiques.

Dans la profession examinée, les normes internationales et nationales contraignantes qui garantissent une protection légale aux pilotes d'hélicoptère s'accompagnent d'une segmentation de la profession et de pratiques qui dérogent aux principes émis par les organisations internationales et nationales. Elles finissent par déboucher sur une protection collective aléatoire de ces mêmes pilotes, variable selon la nature de l'activité exercée. Ces pratiques, emblématiques des transformations des relations d'emploi et de travail, affectent même des secteurs qualifiés et protégés par la loi. Elles reflètent le brouillage des frontières[3] auquel sont confrontées les professions, pour lequel la notion de zone grise est convoquée, car elle illustre la complexité des rapports dans le domaine des relations d'emploi et de travail.

2. Une profession à la réglementation contraignante

Emanant d'un système rigide de normes diffusé par les organisations internationales et relayées localement, la profession de pilote d'hélicoptère est contrainte de s'adapter localement en fonction de ses propres réalités économiques, sociales et politiques, ce qui a pour effet de « tordre » des règles qui sont données *a priori* comme intransgressibles.

2.1. Le rôle des agences internationales

L'Organisation de l'aviation civile internationale (OACI), organisation des Nations unies, participe à l'élaboration des normes qui permettent la standardisation du transport aéronautique international. Même si son aire

---

[3]   La notion de « frontière », telle qu'entendue en français, n'est pas pleinement satisfaisante pour rendre compte du caractère flou des relations de travail. La notion anglo-saxonne de *boundary* est plus adéquate, car elle n'oppose pas deux ordres ou deux registres, en l'occurrence « dépendant et autonome » ou « subordonné et indépendant ». Les qualificatifs de « flou », « opaque », « brouillé » sont plus à même de traduire cet ordre d'idées.

de compétence ne concerne pas les vols à l'intérieur d'un même pays, les normes et réglementations adoptées par l'institution ont une incidence sur et règlementent à la fois la navigation, les brevets du personnel navigant et la circulation aérienne. Suivies par les États membres, elles ont un impact sur la profession. Par exemple, les règles concernant l'obtention d'un brevet de pilote ne diffèrent pas sensiblement d'un État à l'autre, en termes de nombre d'heures de pratique de vols ou théoriques exigées. De même, en cas d'accident aérien, les protocoles signés par les États membres servent de guide aux institutions locales dans les enquêtes menées. Les entretiens réalisés dans trois pays (Brésil, France, Mexique) montrent que les normes édictées par l'OACI sont sensiblement identiques et font office de règles de conduite pour la profession[4].

En outre, l'Agence fédérale de l'aviation civile étatsunienne (FAA) tout comme l'européenne (EASA, Agence européenne de la sécurité aérienne) ont de plus en plus tendance à servir de modèle à de nombreux pays. L'influence de la première se fait sentir dans de nombreux pays latino-américains, notamment au Brésil et au Mexique, la seconde a acquis une ascendance plus forte ces dernières années, en raison d'une présence accrue des constructeurs européens sur le marché brésilien, l'italien Agusta, le franco-allemand Airbus Helicopters, pour ne citer qu'eux. Ces agences sont habilitées à certifier les nouveaux appareils en circulation, les équipements et la formation des pilotes. Leur préoccupation majeure est la sécurité, des équipements, des installations à terre, des pistes d'atterrissage, des héliponts[5], des conditions de vol et de la condition physique des pilotes. Ce souci est partagé par l'Agence nationale de l'aviation civile brésilienne, l'ANAC.

2.2. *Structuration du secteur au Brésil, l'ANAC*

Au Brésil, la divulgation des normes internationales de la profession est relayée par l'ANAC, agence de régulation créée en 2005 et chargée de la réglementation du secteur aérien. Auparavant, cette tâche de contrôle

---

[4] Cette recherche menée dans le cadre de deux programmes ANR successifs, Metraljeux et Zogris, repose sur une soixantaine d'entretiens menés au Brésil auprès de professionnels du secteur (pilotes civils et militaires, responsables de l'agence de régulation, syndicalistes, autorités municipales, représentants d'association de défense des intérêts des riverains, etc.). Elle a comme contrepoint des entretiens menés à Mexico auprès de professionnels du secteur ainsi qu'en France, en moindre nombre (une trentaine d'entretiens).

[5] Il s'agit des pistes d'atterrissage sur le toit des immeubles.

incombait aux seuls militaires. Le graduel passage de flambeau des militaires aux civils, à partir de 2005, qui ne s'est pas fait sans encombre, a provoqué une prolifération de normes dont se plaignent souvent les professionnels du secteur. La création d'une nouvelle instance gouvernementale, la *Secretaria da Aviação civil* (SAC-PR, Secrétariat de l'aviation civile), en mars 2011[6], participe d'une nébuleuse dans laquelle les professionnels ont parfois du mal à se retrouver. Ce Secrétariat, avec rang de ministère, lié directement à la présidence de la République, a été créé avec la finalité de transférer l'administration de l'aviation civile, autrefois sous l'égide du ministère de la Défense et dominée par les militaires, au secteur civil. Le partage des compétences entre cette nouvelle structure et l'ANAC n'est pas encore pleinement délimité.

Deux registres de régulation, technique et économique, relèvent de la compétence de l'ANAC.

La régulation technique vise à garantir la sécurité des passagers et des utilisateurs de l'aviation civile. Elle couvre la certification et la fiscalisation du secteur, ce qui inclut, entre autres, la formation de la main-d'œuvre.

La régulation économique, quant à elle, engage l'action de l'État pour pallier les « dysfonctionnements du marché ». Il incombe à l'agence de piloter le transport aérien, dans le but de garantir la sécurité et l'efficience de l'aviation civile[7].

Le relatif enchevêtrement des compétences entre les militaires et les civils et au sein des instances civiles est motif de tensions. Par exemple, les militaires qui avaient décidé d'intégrer l'agence lors de sa création et qui de ce fait avaient abandonné la carrière militaire accusaient leurs collègues civils, recrutés par concours par l'ANAC, de ne pas connaître les spécificités du secteur aérien et de ne pas « être du métier », car pour la plupart ils n'avaient jamais piloté. Ce manque de pratique les rendait réticents voire incrédules lorsque leurs collègues civils voulaient leur imposer, à eux aviateurs de carrière, les nouvelles règles de fonctionnement de l'agence. Aussi le passage de flambeau entre militaires et civils s'est-il fait de manière très lente. En 2010, soit cinq ans après la création de

---

[6]   Créé par la Loi n° 12462/2011, le Secrétariat de l'aviation civile a pour objectif de coordonner et superviser les actions tournées vers le développement stratégique du secteur de l'aviation civile et de l'infrastructure aéroportuaire et aéronautique au Brésil, « en articulation avec le ministère de la Défense, complète l'article 1 Annexe I, du Décret d'application n° 7.476, du 10 mai 2011 [En ligne], URL : http://www.aviacao. gov.br/acesso-a-informacao/institucional/sobre, consulté le 18 février 2016.

[7]   URL : http://www.anac.gov.br/Area.aspx?ttCD_CHAVE=14, consulté le 18 février 2016.

l'agence, il n'était toujours pas totalement effectif, le passage se faisant très graduellement et laissant des zones d'ombre en ce qui concerne les pratiques de la profession. L'idée au départ était d'en uniformiser les règles de fonctionnement.

2.3. Le cadre juridique de la profession

2.3.1. Réglementation de la profession

Au Brésil, la première législation de réglementation de la profession date du 29 mai 1961. Il a fallu attendre plus de vingt ans pour qu'une loi soit promulguée, en 1984 (la loi 7183/84). Cette dernière insiste sur la spécificité de la catégorie d'aéronaute vis-à-vis des autres catégories et traite de sujets relatifs au travail (régime de travail, rémunération et concessions, heures de repos, vacances, selon le type de personnel navigant, le transfert lieu de résidence-lieu de travail, etc.). Cette distinction a pour objectif de respecter la santé et la sécurité du travailleur tout en maximisant l'usage des équipements. Deux organes gouvernementaux opéraient : le ministère du Travail à travers les Délégations régionales du travail pour ce qui est du volet « travail » de la loi, et le Département de l'aviation civile, quant à la fiscalisation des matières se rapportant à l'aviation et à la sécurité de vol.

La profusion de normes se traduit par un encadrement des conditions d'exercice de l'activité, des règles légales sur les heures de vol, l'objectif étant de garantir la sécurité du trafic aérien, ce qui a pour conséquence de protéger le pilote de journées exhaustives.

La loi de 1984 est actuellement (2016) en discussion au Parlement. Si l'actuelle direction du syndicat, le SNA (Syndicat national des aéronautes) y est favorable, elle est loin de faire l'unanimité chez les pilotes et certains syndicalistes, car elle touche à des acquis sur lesquels je reviendrai.

La prolifération de normes sur la sécurité et l'organisation de la profession occulte en partie la faiblesse ou les manques de la protection collective des pilotes d'hélicoptère. Néanmoins, la législation prévoit de nombreuses garanties protectrices, auxquelles les propres intéressés, employeurs et employés, dérogent bien souvent. Ces dérogations découlent de l'organisation de la profession, des exigences faites aux pilotes d'hélicoptère pour l'exercer, mais aussi parfois de leur insertion marginale dans l'entreprise où ils pratiquent leur activité. Elle provient aussi du manque de réglementation en matière de licenciement, pouvant conduire les entreprises à des licenciements arbitraires.

3. Protection collective des pilotes

3.1. *Le rôle des syndicats*

Le secteur aérien brésilien comprend plusieurs syndicats : le Syndicat national des aéronautes (SNA), qui représente entre autres les pilotes d'hélicoptère ; ce syndicat est en lien avec la Fentac (Fédération nationale des travailleurs de l'aviation civile), qui regroupe 90 % des travailleurs du secteur, divisés en trois catégories : les aéronautes (pilotes, *stewards* et hôtesses de l'air et mécaniciens de vol), les *aeroviários* (travailleurs des compagnies aériennes et des services auxiliaires qui travaillent au sol) et les aéroportuaires (fonctionnaires de l'Infraero, qui administre les aéroports)[8]. Outre ce syndicat, on compte le Syndicat national des entreprises de taxi-aérien (SNETA), le Syndicat national des aéronautes de l'aviation agricole, le Syndicat national des entreprises aériennes (SNEA) et le Syndicat des entreprises d'aviation agricole (SINDAG)[9]. Le paysage syndical de la profession est complexe et morcelé.

La structure syndicale brésilienne oblige le respect du principe de l'unicité syndicale et impose qu'un seul syndicat puisse représenter chaque catégorie professionnelle ou économique, sur une base territoriale. En outre, selon le principe de la Liberté syndicale, l'État ne peut intervenir dans les questions liées au syndicat ni indiquer quel est le syndicat représentatif de chaque catégorie. De ce fait, il n'est pas rare que le pilote ne relève pas de la catégorie professionnelle qui lui assurerait une protection en cas de licenciement ou lors des négociations collectives au moment des discussions salariales annuelles. D'après le Droit collectif du travail brésilien, il fait partie dans ce cas-là d'une « catégorie différenciée »[10].

---

8 URL : http://fentac.org.br/a-entidade#.VtcaevESgp4http://fentac.org.br/a-entidade#. VtcaevESgp4, consulté le 2 mars 2016. Le SNA est le Syndicat national des aéronautes (Sindicato nacional dos aeronautas), le SNEA, le Syndicat national des entreprises aériennes (Sindicato nacional das empresas aeroviárias).

9 Federação Nacional dos Trabalhadores em Aviação Civil (FENTAC/CUT, « Convenção coletiva de Trabalho dos Aeronautas de Táxi Aéreo 2007/2009 e legislação que regulamenta a profissão », Rio de Janeiro [En ligne], URL : www.fentac.org.br, www.aeronautas.org.br. Activité régie par la *Convenção Coletiva de Trabalho da Aviação Agrícola 2014/2016* [En ligne], URL : http://www.aeronautas.org.br/convencao-coletiva-de-trabalho-da-aviacao-agricola-20142016/, consulté le 17 février 2016.

10 La notion de « catégorie différenciée » se rapporte aux « employés qui exercent des professions ou des fonctions différenciées en raison du statut professionnel spécial ou en conséquence de conditions de vie singulières », Loi *Consolidação das Leis do Trabalho* de 1943, § 3º, article 511 [En ligne], URL : http://www.boppadv.com.br/noticias. php?id=274, consulté le 24 février 2016.

Cette dénomination s'applique à tout professionnel qui exerce dans une entreprise dont l'activité principale n'est pas la sienne. Dans le cas des pilotes d'hélicoptère, rares sont les entreprises où le nombre de pilotes d'hélicoptère est important, sauf évidemment lorsqu'il s'agit de « taxis aériens ». Ils sont alors considérés comme appartenant à une « catégorie différenciée ». La question se pose alors de l'inscription syndicale de l'employé, obligatoire au Brésil : dans le syndicat de la catégorie pour laquelle il travaille ou dans son syndicat à lui ?

Le fait d'appartenir à une « catégorie différenciée » empêche l'employé de bénéficier des avantages de la convention collective de sa catégorie. Ainsi, le pilote d'hélicoptère, engagé par une entreprise comme « employé domestique » ou comme « chauffeur » – comme j'ai pu le constater –, ne pourra bénéficier des mêmes avantages que ceux de ses collègues opérant pour un « taxi aérien », par exemple, et de ce fait relevant de sa catégorie professionnelle. Non protégé par le syndicat de sa catégorie, mais peut-être par un autre syndicat, comme dans cet exemple où le pilote travaillant pour un banquier préférait être affilié au syndicat de son patron qu'à celui des aéronautes, le pilote peut se retrouver dans une situation délicate lors des négociations collectives dans l'entreprise où il travaille car il est seul et ne peut faire prévaloir les acquis que ses collègues ont obtenus par le biais du SNA (Syndicat national des aéronautes).

3.2. Résolution des conflits : un déficit institutionnel, producteur d'insécurité

L'uniformisation des règles relatives à l'exercice de la profession se traduit par une prolifération de normes lorsqu'il s'agit de matières relevant de l'emploi ou de l'exercice du travail des pilotes d'hélicoptère et est source d'insécurités. Cette pléthore de normes s'accompagne d'un certain flou dans l'exercice de la profession, en raison : 1) de la diversité des opérations à réaliser pour le pilote d'hélicoptère, selon qu'il est pilote *off-shore*, « exécutif », « reporter aérien », de l'armée, de la police, du corps des pompiers, etc. (Azaïs, 2010) ; 2) d'un déficit quant à sa couverture en matière de droits sociaux en raison d'une fragmentation de la catégorie.

Même si tou-te-s les pilotes d'hélicoptère relèvent de la même profession, les tâches à assurer diffèrent sensiblement selon l'activité et indiquent une fragmentation de la catégorie, laissant planer des doutes sur sa protection effective. Ainsi, la situation du pilote *off-shore*, en raison de la spécificité des opérations à effectuer (par exemple, héliporter des matériaux lourds vers des plateformes en haute mer, à la stabilité chancelante ou simplement y déposer des personnes), est totalement différent de celle du pilote desservant les toits des immeubles en pleine ville ou de celle des pilotes chargés de l'épandage dans des *fazendas* ou encore de ceux de la sécurité civile.

Les pilotes d'hélicoptère manifestent dans leur grande majorité une certaine défiance vis-à-vis du syndicat pour défendre leurs intérêts. Plusieurs motifs à cela. Tout d'abord, bien souvent le pilote d'hélicoptère est le seul professionnel à exercer cette activité parmi les employés de l'entreprise. N'ayant pas la force suffisante pour négocier des accords salariaux, il se trouve affaibli. De plus, relevant d'une « catégorie différenciée », il ne peut faire valoir juridiquement les mêmes bénéfices que ses collègues. L'entreprise a alors toute liberté de les lui octroyer ou pas.

Ainsi, l'excès de normes en matière de régulation juridique de la profession et le déficit de règles quant à la protection des employés contribuent-ils à alimenter la zone grise de l'emploi, de par l'incertitude dans laquelle ils sont plongés.

Le manque de garantie s'explique par le fait que si une bonne partie des pilotes exercent leur activité en tant que « catégorie différenciée », dans des entreprises qui ne relèvent pas du secteur aérien, ils ne sont couverts que par les règles qui émanent de la loi, sans réelle protection des négociations collectives, qui ne s'appliquent que lorsque le Syndicat des aéronautes négocie avec l'entreprise qui emploie ou avec le syndicat de la catégorie économique. Ainsi, il n'existe pas d'accord collectif pour les entreprises extérieures au secteur aérien.

L'absence de représentation du pilote lors des négociations collectives se manifestera lors de la fixation du salaire minimum (*piso salarial*) de la catégorie. Les réajustements de salaire, fixés par les syndicats au moment des négociations collectives, ne s'appliquent pas aux pilotes d'entreprises qui ne cotisent pas au syndicat de leur catégorie. N'ayant pas pris part aux négociations, cette population de pilotes est sujette à la libre négociation en matière de salaire et d'autres droits. Les dirigeants de l'entreprise où ils travaillent ne sont pas tenus d'appliquer aux pilotes les garanties obtenues par les syndicats autres que ceux de l'aérien.

Plus grave encore, mais là ce n'est pas l'apanage des pilotes d'hélicoptère mais de tous les salariés, en matière de protection contre les licenciements pour juste cause, au Brésil, les employeurs n'ont pas l'obligation d'informer des motifs de licenciement. La « Convention sur le licenciement, 1982 », entrée en vigueur le 23 novembre 1985, concerne la cessation de la relation de travail à l'initiative de l'employeur. Cette Convention 158 de l'OIT

(Organisation internationale du travail), ratifiée par le Brésil en janvier 1995, n'est toujours pas appliquée – malgré une dénonciation qui date de novembre 1996. Cet état de fait empêche les pilotes de jouir d'une garantie effective contre les licenciements arbitraires.

Aussi, face à la fragmentation de cette profession, qui traverse les catégories économiques distinctes et différenciées, nombre de ces professionnels – relevant d'une « catégorie différenciée » – restent dans un flou juridique, n'ayant que la protection de la loi et pas celle de la négociation collective.

Un changement institutionnel de taille s'est produit en 2004 (Amendement constitutionnel n° 45). Jusqu'alors le syndicat pouvait s'adresser aux Tribunaux du travail ou au TST (Tribunal supérieur du travail) et dénoncer l'attitude de l'entreprise. Dorénavant, l'accord des deux parties – sorte d'arbitrage entre l'entreprise ou le syndicat patronal et le syndicat des travailleurs – est requis, ce qui a pour effet de réduire sensiblement le nombre des actions. Puisqu'aucun accord n'a été trouvé entre les deux parties, il est demandé au tribunal de statuer. Ce n'est qu'en cas de mouvement de grève que le syndicat peut recourir directement au TST, le tribunal jugeant qu'il n'y a pas eu accord préalable.

3.3. La défiance des pilotes d'hélicoptère envers leur syndicat

Les pilotes d'hélicoptère maintiennent un rapport distant vis-à-vis du syndicat de leur catégorie, le Syndicat national des aéronautes (SNA). Cela s'explique pour deux raisons principales : l'histoire des luttes ces dernières années et un sentiment de peur qui bien souvent les empêche de s'engager dans des revendications.

Selon, un spécialiste du milieu[11], « les aéronautes ne s'engagent en rien de ce qui touche à la classe des travailleurs ». Il donne pour exemple le fait que depuis 1987, seulement deux pilotes d'hélicoptère ont assumé la direction du syndicat ; ils sont davantage présents dans l'association professionnelle, l'Abraphe (Association brésilienne des pilotes d'hélicoptère), à São Paulo. La peur semble être le motif de leur défiance mais aussi en raison de pratiques lors des négociations collectives. En effet, ces dernières se déroulent en deux temps : dans un premier temps, le syndicat se réunit chaque année avec les représentants des entreprises et ensemble ils se mettent d'accord sur les

---

[11] Entretien réalisé le mardi 6 octobre 2015 à Rio de Janeiro avec un économiste, spécialiste du secteur aérien.

augmentations de salaire de la catégorie. Puis, dans un deuxième temps, chaque pilote est libre de négocier avec son entreprise un salaire plus élevé que le salaire de base de la catégorie, par le biais d'« accords collectifs ». Comme le secteur souffrait ces dernières années d'une relative pénurie de pilotes d'hélicoptère, ils n'avaient aucun mal à obtenir davantage de bénéfices auprès de leur entreprise que ce qu'ils avaient recueilli dans la négociation collective. Aussi se sont-ils peu à peu détachés du syndicat, le critiquant car ils n'obtenaient rien à leurs yeux par son intermédiaire. Le canal de négociation avec l'entreprise était direct, préfigurant ainsi des accords de gré à gré.

Toutefois, aujourd'hui la situation ne leur est pas aussi favorable pour une négociation en direct avec l'entreprise, parce que la conjoncture économique est des plus moroses (récession forte du pays en 2015, prévue aussi pour les années 2016 et 2017) et le nombre de démissions, notamment dans le secteur *off-shore*, est grand toutes les semaines en raison de l'opération *Lava-jato*[12] – opération Karcher –, qui touche les activités de la Petrobrás, le géant brésilien du pétrole. Néanmoins, selon l'avocat du SNA, force est de reconnaître que la richesse en matière de bénéfices sociaux obtenus grâce aux négociations collectives avec le syndicat perdure pour une bonne partie dans la profession alors que d'autres travailleurs ont été soumis ces dernières années à des réductions drastiques, de salaire, de bénéfices sociaux et ont connu une dégradation des conditions de travail.

La grève générale de 1988 dans le secteur aérien et le licenciement en masse de tous les directeurs du SNA par les entreprises a marqué un tournant – et les esprits – et a sonné le tocsin des revendications. A la suite de cette grève, tous les directeurs du syndicat, censés bénéficier d'une stabilité, ont été congédiés, ce qui a constitué une menace pesant sur tous les candidats à une nouvelle grève, freinant toute revendication. Aussi, les « accords collectifs » (*i.e.* de gré à gré) ont perdu de leur intérêt et les pilotes d'hélicoptère ont dû se contenter des résultats des conventions collectives, certes, moins défavorables pour eux que pour nombre d'autres catégories de professionnels dans d'autres secteurs. Ceci leur a permis de garder nombre de protections sociales que d'autres catégories ont perdues, notamment en matière de lutte contre l'inflation en obtenant des réajustements la prenant en grande partie en compte, alors que de nombreuses autres catégories ont subi des pertes salariales considérables.

---

[12]   Scandale de détournement de fonds évalué à € 3,5 milliards, ayant d'immenses répercussions économiques et politiques.

A cette fragilité conjoncturelle – mais qui pourrait fort bien perdurer, si l'on considère l'état de récession dans laquelle se trouve le Brésil aujourd'hui – s'ajoute le fait que la catégorie est très dispersée, ce qui rend difficile toute négociation collective. En effet, l'on ne dénombre pas moins de 400 entreprises aériennes, disséminées dans tout le pays, une limite à l'action du syndicat, les délégués syndicaux ne pouvant systématiquement vérifier si les entreprises respectent les normes en vigueur. Ils ne se déplacent qu'après une dénonciation. La dispersion tient au fait aussi que de nombreuses entreprises n'ont qu'un pilote d'hélicoptère ou qu'un patron pilote son propre hélicoptère – il ne peut alors être juge et partie.

La diversité du secteur est illustrée aussi par le cas spécifique des pilotes d'hélicoptère du secteur agricole. Leur spécificité tient davantage aux conditions et au rythme de travail qu'à des compétences professionnelles particulières, puisqu'au même titre que tous les autres pilotes ils doivent se soumettre aux règles édictées par l'ANAC. La manipulation des insecticides représente un danger pour leur santé, outre le fait, comme ils le disent eux-mêmes, qu'ils sont assis sur un baril de poudre qui peut exploser à tout moment. Leur rythme de travail est ponctué par les trois mois par an que dure la saison d'épandage. Pendant cette période, ils sont occupés à temps complet et le reste du temps ils sont libres de vaquer à toute autre activité. Leur salaire est calculé sur la base d'un pourcentage de la récolte, environ 15 %, ce qui représente entre 100 000 et 120 000 réais par an (équivalent en mars 2016 à environ 25 000-30 000 €, mais 33 000-40 000 € en octobre 2015, au moment de l'entretien). De tels salaires s'inscrivent dans la moyenne de ceux des autres pilotes. La plupart d'entre eux refuse tout contrat de travail pérenne et donc de devenir *celetistas* (*i.e.* d'avoir un contrat formel) par désir de ne pas payer davantage d'impôt que celui dont ils doivent s'acquitter en raison de la commission qu'ils perçoivent pour leur activité, faisant preuve ainsi d'une vision à court terme. Le syndicat a réussi après plusieurs années à faire admettre aux plus anciens pilotes d'hélicoptère que le fait d'être déclaré, à hauteur d'un salaire minimum toute l'année, leur serait bénéfique et leur assurerait une protection pour quand ils ne pourraient plus voler.

3.4. Normes d'emploi et entorses à la norme : manifestations de la zone grise

3.4.1. La Convention collective de travail[13]

La convention collective de travail (CCT) est l'accord qui garantit les droits des travailleurs dans l'exercice de leur profession. Au Brésil, elle est réglementée par la CLT (Consolidation des lois du travail[14]). Son caractère normatif et obligatoire, engageant les partenaires, syndicats patronal et des travailleurs, lui confère valeur de loi. Elle stipule les conditions et rapports de travail et de rémunération. Les clauses économiques stipulées dans la convention ont une validité d'un an. La date-base de la catégorie a été fixée au 1er décembre de chaque année, le choix de cette date n'est pas anodin, elle permet de faire pression à un moment de l'année où le nombre de voyages croît et de brandir la menace d'une grève pour la période des fêtes de fin d'année, ce que redoutent les compagnies aériennes[15]. Les différentes rubriques de la convention traitent successivement de l'employabilité, de la rémunération, du régime de travail, des jours non travaillés, du repos, du déplacement, des vacances, de la santé de l'aéronaute, de l'actualisation de la documentation, de la fourniture de matériel (uniformes et autres), de l'organisation syndicale, des pénalités (amendes pour retard de paiement et autres). En outre, les entreprises aériennes sont tenues d'octroyer une assurance-vie à leurs employés.

La dernière convention collective, signée le 24 février 2016[16], maintient la date base du 1er décembre pour le calcul des réajustements de salaire. Le bénéfice de 1 % d'augmentation de salaire supplémentaire pour tout aéronaute entré dans l'entreprise avant le 31 décembre 2000 et ayant passé au moins trois ans d'affilée dans la même entreprise ne s'applique pas aux autres professionnels. Ce bénéfice ne donne pas droit à des avantages en

---

[13] Convenção coletiva de trabalho Aviação regular 2014/2015 – SNA/SNEA [En ligne], URL : http://www.aeronautas.org.br/convencao-coletiva-de-trabalho-da-aviacao-regular-20142015/, consulté le 20 janvier 2016.

[14] La CLT, instaurée sous la présidence de Getúlio Vargas, en 1943, statue sur les normes qui régulent les rapports individuels et collectifs de travail. Inspirée de la *Carta del Lavoro* mussolinienne, elle régit encore les rapports de travail dans les entreprises privées brésiliennes et se matérialise dans la *Carteira de Trabalho*, Livret de travail, véritable passeport où sont consignés tous les emplois par lesquels est passé le travailleur.

[15] Cette action ne concerne pas le secteur des hélicoptères, mais les professionnels de cette catégorie en profitent.

[16] URL : http://www.snea.com.br/arquivos/cct-2015-2016-sindicato-nacional-dos-aeroviarios.pdf, consulté le 2 mars 2016.

matière de travail et apparaît de façon séparée sur le bulletin de salaire, comme une sorte de gratification. Ainsi, des disparités sont inscrites dans le traitement des professionnels, les plus anciens bénéficiant de certaines prérogatives que les plus récents n'ont pas.

4. Une profession marquée par la zone grise : l'écart par rapport à la norme

La profession de pilote d'hélicoptère s'inscrit pleinement dans le cadre des professions régulées par les normes fordistes – inscription dans la CLT, rapport salarial, protections assurées par la loi, ce qui ne l'empêche pas d'être sujette à ce que nous avons qualifié de « zone grise », *i.e.* en termes de contournement de la loi, de négociations, d'arrangements entre protagonistes, qui la font sortir de toute appréhension binaire de la réalité.

Diverses situations de travailleurs du secteur attestent d'entorses aux règles en vigueur, soit dans le cadre de leur accès au titre de commandant-e, avant qu'ils ne deviennent pilotes à part entière, soit en raison de l'évolution du secteur qui, même empreint de sécurité, est soumis aux aléas de la conjoncture, ce qui ouvre des brèches dans l'édifice bien calfeutré du rapport salarial fordiste. Je ne citerai ici que l'écart entre les 100 heures de formation, exigées pour obtenir son brevet de pilote commercial, et les 500 heures de vol stipulées par les compagnies d'assurance, seuil à partir duquel le pilote n'est plus considéré comme apprenti et les primes d'assurance cessent d'être exorbitantes. Ce seuil-là est sensiblement le même au Brésil qu'au Mexique ou en France.

Les amendements portés à la loi de 1984, pourtant considérée jusqu'alors comme rempart pour la profession, votés par les assemblées en février 2016[17], vont dans le sens d'une précarisation et, pour certains, d'un accroissement de la dangerosité, en raison d'une modification des rythmes de travail et de repos. L'inclusion d'un système de pilotage du risque de fatigue (article 19) a pour effet de flexibiliser une série d'autres articles. Il incombera à l'ANAC de le mettre en place et d'en assurer le suivi. La loi prévoit des limites relativement basses et les entreprises qui prouveront à l'agence régulatrice qu'elles mènent un combat efficace contre la fatigue

---

[17] La loi a été votée au Sénat et est retournée à l'Assemblée où elle est passée par deux commissions. Il ne reste plus qu'à la soumettre à la Commission de constitution et justice et de la citoyenneté (CCJC), qui ne juge pas le mérite du texte. Après son passage devant la CCJC, elle doit retourner au Sénat, car elle a été modifiée par l'Assemblée, et ensuite elle sera sanctionnée, ce qui devrait se produire en 2016 encore.

des membres de l'équipage pourront voir leurs seuils revus à la hausse. Le nombre de jours de repos passe à dix, pouvant être ramené à neuf par accord ou convention collective. Auparavant, le « et » s'imposait et les deux niveaux devaient être pris en compte.

Aussi, les détracteurs des modifications apportées à la loi prédisent-ils une augmentation des accidents, provoquée par la fatigue des pilotes d'hélicoptère qui n'auraient plus la possibilité de se reposer correctement.

Conclusion

La notion de « zone grise » nous a permis dans le cadre du programme ANR Zogris de rendre compte des transformations des relations d'emploi et de travail. Nous la considérons comme le fruit de processus et non comme quelque chose de défini et définitif, qui s'apparenterait à une nouvelle catégorie, comme ont pu l'être en leur temps les notions de « formel », « informel », ou toute autre expression d'un entre-deux qui s'avère *in fine* incapable d'élucider la complexité d'un monde du travail et de l'emploi, marqué du sceau de l'incertitude. Adopter cette notion invite à interroger les catégories, forgées pour la plupart en référence à la norme fordiste, de moins en moins adaptées pour traduire les transformations du monde contemporain. Ainsi, en sommes-nous arrivés à caractériser des « figures émergentes » de la relation d'emploi, parmi lesquelles les pilotes d'hélicoptère. Deux grands types de figures émergentes » existent : celles qui correspondent à un délitement de figures existantes qui subissent les coups de boutoir de la concurrence et les aléas d'une conjoncture peu favorable. Il est alors question de « glissement de statut ». Le second type se rapporte à l'apparition de nouvelles professions. Les pilotes d'hélicoptère ne constituent nullement une nouvelle catégorie de professionnels – ils existent depuis fort longtemps, les militaires assuraient cette activité avant qu'elle ne connaisse, au début des années 2000, un réel engouement et que São Paulo ne devienne la 1ᵉ ou la 2ᵉ métropole au monde en termes de flotte et de déplacements urbains en hélicoptère, juste avant ou après New York.

Les mouvements que connaît la profession aujourd'hui illustrent un certain délitement de protections en vigueur jusqu'alors, que l'on pourrait qualifier de dérives par rapport à la norme fordiste. Ce faisant, la zone grise concerne aussi la qualité des emplois. Qu'ont pu gagner ou perdre les professionnels dans les négociations avec les syndicats mais également comment s'adaptent-ils juridiquement aux formes nouvelles d'exercice de la profession ? Que provoque l'apparition de nouvelles catégories de pilotes, les « clandestins », qui pratiquent des tarifs moindres, souvent au détriment de leur fatigue ou de la manutention des appareils et donc de la sécurité, ou de pilotes affiliés à des coopératives – moyen de ne pas reconnaître leur rapport de subordination –, de pilotes *free-lance* agissant comme des autonomes ? Autant de sources d'insécurité, d'accidents diront certains, pour une profession pour laquelle est clamée par les instances internationales et nationales l'impérieuse nécessité de sécurité et que, même les membres du syndicat, censés garantir tout au moins la continuité des protections en vigueur, ont tendance à mettre à mal, en ne s'opposant pas vraiment aux attaques contre la loi de 1984, qui leur assurait une certaine protection. Les zones d'incertitude quant au futur de la profession, non seulement en raison d'une conjoncture peu amène, mais parce que comme toutes les autres professions elle évolue, créent un sentiment d'insécurité chez les pilotes que la prolifération de normes visant à accroître la sécurité dans l'exercice de leur métier ne parvient pas à estomper, quand elle ne l'amplifie pas. L'emphase portée par les acteurs civils et militaires sur la sécurité – sécurité matérielle des équipements, de son exercice – non seulement a un coût, mais a tendance à gommer la recherche de flexibilité et de moindres coûts opérationnels, qui se porte alors sur les pilotes dans leur exercice de l'activité. La prise en considération des multiples acteurs et des diverses échelles (Azaïs, 2014) qui interfèrent dans la nature même de la profession donne la mesure de la complexité pour saisir les transformations d'une profession considérée comme se situant du côté d'une relation salariale « typique », bénéficiant encore de protections, même si celles-ci tendent de plus en plus à s'estomper.

A ce stade de la réflexion une catégorisation plus systématique de la zone grise, prenant en compte les interrelations multiples dans lesquelles sont engagés les professionnels du secteur s'impose.

Bibliographie

Azaïs Christian, 2015, « Le brouillage des frontières de la société salariale dans les Amériques et au-delà : une lecture des transformations du travail dans un *globalising world* », Revue *on line IdeAs, Crise ou transformations du monde du travail dans les Amériques*, printemps/été [En ligne], URL : https://ideas.revues. org/872.

Azaïs Christian, 2014, « Normes d'emploi, hybridation et zone grise chez les pilotes d'hélicoptère au Brésil : les enjeux de la globalisation », *Revue Tiers Monde Se mesurer à la norme : travailleurs, institutions et analyses face à l'emploi*, Paris, Armand Colin, n° 218, avril-juin, p. 53-70.

Azaïs Christian, 2010, « Pilotos de helicópteros em São Paulo : o assalariamento entre 'céu aberto' e 'nevoeiro' », *Sociologias*, UFRGS, Porto Alegre, vol. 12, n° 25, out-nov-dez., p. 102-124 [En ligne], URL : http://socialsciences.scielo. org/scielo.php?script=sci_serial&pid=1517-4522&nrm=iso&rep=&lng=en; version française « Pilotes d'hélicoptère à São Paulo : le salariat entre 'grand beau' et brouillard », URL : http://gree.univ-nancy2.fr/, 2009.

Azaïs Christian, 2003, « Formes de mise au travail, hybridation et dynamique territoriale », *Revue d'économie régionale et urbaine*, n° 3, p. 379-394.

Bentein Kathleen, Guerrero Sylvie, 2008, « La relation d'emploi : état actuel de la question », *Relations industrielles/Industrial Relations*, vol. 63, n° 3, p. 393-424.

Bourhis Anne, Wils Thierry, 2001, « L'éclatement de l'emploi traditionnel : les défis posés par la diversité des emplois typiques et atypiques », *Relations Industrielles/Industrial Relations*, vol. 56, n° 1, p. 66-91.

Silva Sayonara Grillo Coutinho Leonardo da, 2016, « Droit du travail et institution de (nouvelles) inégalités dans le Brésil contemporain », *in* Azaïs Christian, Carleial Liana, *ibid.*

Simonet Maud, 2010, *Le travail bénévole – engagement citoyen ou travail gratuit ?*, La Dispute, coll. « Travail et Salariat ».

Les normes d'emploi entre catégorisation et « formes identitaires »

Le cas des traductrices et traducteurs en France

Olivier GIRAUD
Directeur de recherche au CNRS, Cnam (Conservatoire national des arts et métiers), LISE/UMR 3320 – Paris. olivier.giraud@lecnam.net

Frédéric REY
Maître de conférences en sociologie, Cnam (Conservatoire national des arts et métiers), LISE/UMR 3320 – Paris. frederic.rey@lecnam.net

Cinara Lerrer ROSENFIELD
Professeure titulaire de sociologie, Universidade Federal do Rio Grande do Sul, PPGS/UFRGS – Porto Alegre (Brésil). rosenfield@uol.com.br

Cet article analyse la transformation du rapport que les individus entretiennent avec les normes d'emploi dans le cas d'une profession où les recompositions sont à la fois profondes et rapides : le métier de la traduction. Dans un premier temps, nous discutons la notion analytique de normes d'emploi, notamment, dans une perspective comparative. Deuxièmement, nous proposons un cadre d'analyse des modalités d'influence des normes d'emploi sur la formation des positionnements des individus. Nous nous inspirons d'abord dans ce cadre de certaines hypothèses développées dans le champ de la sociologie des problèmes publics pour comprendre comment des normes institutionnelles ou véhiculées par des discours peuvent faire du sens ou donner lieu à des investissements de sens par des acteurs collectifs. Ensuite, nous nous inspirons librement de l'approche proposée il y a quelques années par Claude Dubar en termes de « formes identitaires » (1992) pour travailler les transactions entre les normes institutionnelles et les positionnements des individus quant à l'exercice de leur métier. Le rapport au statut, au marché et la tension entre vie professionnelle et vie familiale nous semblent les trois dimensions clés de ce positionnement. Nous proposons pour conclure, de mettre en rapport des profils de traductrices et de traducteurs.

Depuis plusieurs années déjà, le constat d'une dualisation des normes d'emploi semble dépassé. Une grande variété de facteurs convergent, en effet, pour produire une dynamique de diffraction multiple, pratiquement d'éclatement, des normes d'emploi héritées de la société salariale (Giraud, Lechevalier, 2010). La littérature se centre habituellement sur la remise en cause du fordisme ancré dans l'espace national, fondé sur un « compromis de classe, la recherche d'investissement et de profits de long terme dans les entreprises, et sur des normes standards qui privilégient l'emploi stable, à temps plein, au moins pour les hommes » (Koch, Fritz, 2013, p. 229), vers une forme de capitalisme dominé par la finance qui

> « articule à la fois les rapports de genre et (dans une moindre mesure) des affiliations ethniques, une orientation aux profits de court terme, la transnationalisation et la financiarisation des activités économiques, mais aussi le développement de différentes formes d'emploi qui étaient considérées comme non-standard à l'époque fordiste et notamment, l'emploi à temps partiel, l'emploi temporaire et différentes formes d'indépendance – auto-entreprenariat – voire d'emploi informel » (*ibid.*).

Pour notre part, nous pointons quatre facteurs de ce processus d'éclatement qui se recoupent en partie avec ceux identifiés par Max Koch et Martin Fritz (2013).

En premier lieu, la mondialisation accroît et intensifie les relations d'interdépendance entre différentes zones et marchés du travail dans le monde. Cela entraîne une tension sur les coûts du travail à laquelle plusieurs pays européens ont répondu par un coup d'arrêt à la progression salariale et par un accroissement des inégalités salariales (Royaume-Uni, Allemagne, par exemple pendant de nombreuses années). Ensuite, les changements technologiques permettent aujourd'hui des coordinations inédites sur le marché du travail qui favorisent la mise en concurrence des prestataires et l'instantanéité dans la mobilisation des prestations. Troisièmement, des processus d'intégration régionale comme l'européanisation ou l'influence croissante de modèles globaux favorisent la circulation de modèles de régulation du travail et de l'emploi, en articulation avec d'autres échelles et espaces pré-existants ou émergents (Rey, 2010). Parfois il s'agit de formes légales comme les contrats de travail flexibles ou de compromis négociés depuis la sphère des relations professionnelles comme les accords dits « de maintien dans l'emploi » – dans le cas français, Accord national interprofessionnel (ANI) du 11 janvier 2013 – qui échangent la défense de l'emploi dans une unité productive contre des mesures de flexibilisation des normes temporelles. En dernier lieu, et dans un autre ordre, le rapport subjectif des individus au travail se transforme. Le modèle salarial, ses aspects routiniers, son inscription dans une relation de subordination traditionnelle, son encadrement par des institutions qui standardisent et « cadrent » les parcours de vie peinent à convaincre un nombre croissant de personnes présentes sur le marché du travail et notamment les plus jeunes (Cingolani, 2014).

Cette pluralité des facteurs qui agissent pour transformer les normes et régulations de l'emploi aboutit à un éclatement de ces normes, mais aussi, plus largement, des modes de mobilisation du travail. Ces transformations introduisent une incertitude croissante, notamment chez les individus à qui s'ouvrent des choix inédits. Comment affronter les transformations des normes d'emploi et la remise en cause de la société salariale telle qu'elle s'était constituée ? Les comparaisons qui longtemps ont été produites à propos de l'univers du travail et de l'emploi étaient précisément fondées sur les aspects fondamentaux de la société salariale et notamment, ses régulations légales et conventionnelles.

Nous faisons l'hypothèse dans cet article que l'éclatement des normes d'emploi invite à repenser la comparaison des systèmes d'emploi et des normes qui les sous-tendent. Nous pensons notamment qu'il importe aujourd'hui de relativiser les facteurs collectifs qui créent des situations d'intégration par rapport à des facteurs individualisants, davantage centrés sur les façons dont les individus se saisissent des normes collectives qui sont à leur disposition. Comme le remarquait Claude Dubar il y a plus de vingt ans (1992), plus les normes collectives de l'emploi s'affaiblissent, plus les facteurs individuels et les logiques d'appropriation prennent de l'importance.

Cet article propose un point de vue en deux temps sur la façon de comparer et faire sens des normes d'emploi dans le contexte contemporain de leur éclatement et pluralisation. A partir d'un bref bilan d'approches comparatives disponibles dans la littérature des normes d'emploi dans le contexte de la société salariale, nous proposons d'amender cette littérature, pour l'essentiel centrée sur les dimensions institutionnelles et en termes d'acteurs collectifs, en ajoutant des éléments qui touchent à la subjectivité des travailleurs. Une grille d'analyse adaptée, qui permet d'éclairer les modalités d'appropriation des normes disponibles par les individus, se dessine en croisant, d'une part, la façon dont les normes sont insérées dans des contextes d'émergence, qui contribuent à leur donner du sens du point de vue des acteurs, et d'autre part, les différentes transactions auxquelles procèdent concrètement les acteurs, aux prises avec le travail, dans le contexte de leurs capacités professionnelles, mais aussi des articulations entre vie au travail et vie hors travail. Dans un deuxième temps, nous proposons une illustration des analyses renouvelées des normes d'emploi à partir du cas des traductrices et traducteurs en France. La situation de cette profession dépasse l'angle strictement monographique car elle révèle des clivages et des dynamiques qui caractérisent bien celles, contemporaines, du marché du travail.

1. Les approches comparatives des normes d'emploi de la société salariale à la société post-salariale : des travaux institutionnalistes à l'introduction des subjectivités individuelles

La littérature analysant les normes d'emploi dans le contexte de la société salariale s'est longtemps centrée essentiellement sur les aspects collectifs et structurels de ces normes. Par exemple, Neil Fliegstein et Haldor Byrkjeflot (1996) ont produit une grille comparative des logiques structurant les normes d'emploi dont les facteurs clés sont le rapport à la formation, aux promotions et le rôle des acteurs sociaux dans le domaine de l'emploi. Cette grille d'analyse conduit à distinguer un régime « vocationnel » animé par les syndicats ouvriers, fondé sur des pratiques de formation professionnelle « sur le tas » et des promotions internes ; un régime « professionnel », contrôlé par des associations professionnelles, fondé sur des qualifications formalisées et reposant sur des promotions internes à la profession ; et enfin un régime « managérial », contrôlé par les firmes, au sein duquel la formation s'accomplit dans un cadre scolaire, dans une logique de promotion interne à l'entreprise.

Plus récemment, Duncan Gallie a développé une grille comparative qui relie les dimensions des rapports de pouvoir dans le champ aux normes qui en découlent (Gallie, 2007). Le premier équilibre est caractérisé d'*inclusif* au sens où il associe des mesures incitant à l'intégration sur le marché du travail avec d'autres qui augmentent les droits des individus (*ibid*, p. 17). Le deuxième est *dualiste* en ce que, moins focalisé sur le volume de l'emploi, il attribue des droits élevés aux salariés bénéficiant de contrats de long terme et de bons niveaux de qualification au détriment de salariés situés à la périphérie qui se contentent de conditions médiocres (*ibid.*). Enfin, l'équilibre du régime d'emploi *de marché* est caractérisé par un faible niveau de régulation du domaine de l'emploi. Cette typologie n'est pas une simple actualisation des théories de la segmentation des années 1970 car elle valorise des variables portant sur les droits des travailleurs.

Enfin, dernier exemple de grille de lecture centrée sur les dimensions collectives, celle de Michel Lallement qui prend en compte trois mécanismes principaux (Lallement, 1999). Le premier est le *rapport à l'État*. Les normes de l'emploi, et surtout, en amont, les procédures de négociation de ces normes s'inscrivent dans une relation à la puissance publique. Cette dernière valide, oriente, initie, rejette, étend, etc. les normes qui découlent de régulations privées de différents niveaux et qualités. De plus, la puissance publique produit elle-même des prestations, comme les politiques de l'emploi, qui influencent directement les normes d'emploi. Le deuxième de ces processus renvoie à la *puissance sociale des groupes d'intérêts*. En fonction de leurs capacités organisationnelles et de leurs modes de structuration, les organisations privées en charge de la régulation de l'emploi parviennent à négocier des accords plus ou moins intégrateurs, contraignants ou progressistes. Enfin, le troisième mécanisme clé renvoie aux *formes de concurrence et structures organisationnelles* qui règlent les différents secteurs d'activité économiques et sociaux. Alors que certains espaces économiques sont organisés sur le mode de la coordination, d'autres ne sont ni assez denses, ni assez cohérents pour permettre le développement de telles stratégies. Les effets des stratégies des entrepreneurs, des institutions, des niveaux et formes de concurrence sur les marchés pourraient être ainsi mobilisés (Hall, Soskice, 2001) pour expliquer les effets des logiques concurrentielles et organisationnelles sur la structuration des rapports de pouvoir dans les régimes d'emploi.

Ces trois grilles comparatives des dynamiques des normes d'emploi combinent des facteurs qui valorisent les acteurs collectifs – les associations syndicales et patronales, l'État, les entreprises – ou des dynamiques également collectives – les répertoires d'action publique, les logiques marchandes, les coordinations sectorielles, etc. En dehors de ces normes collectives et explicites, les dimensions individuelles du rapport aux institutions ou encore les effets de sens qui peuvent se nouer autour de ces institutions ne sont pas pris en compte par les approches analysées.

Nous proposons de compléter ces approches par la prise en compte de facteurs qui permettent de reconstituer le sens que les individus peuvent faire de ces normes et ainsi leur donner une effectivité dans leur fonction d'orientation et de coordination des acteurs sur le marché du travail. De manière à intégrer la dimension subjective qui devient plus centrale dans un contexte d'éclatement des normes d'emploi, il faut comprendre comment analyser la façon dont les individus font sens des normes d'emploi auxquelles ils sont confrontés (Zimmermann, 2011). Pour ce faire, nous proposons de procéder à la construction d'un cadre d'analyse autour de deux phases successives. La première consiste à isoler des mécanismes sociaux qui permettent de comprendre comment les institutions ou les formes collectives analysées dans les approches recensées précédemment produisent du sens du point de vue des acteurs individuels.

La seconde phase propose d'adosser l'analyse des perceptions individuelles véhiculées par les discours des acteurs sur l'approche des formes identitaires développée par Claude Dubar (1992).

1.1. Faire sens des normes d'emploi

De manière à élaborer des hypothèses sur la façon dont les institutions ou les formes collectives peuvent faire du sens pour des individus, nous proposons de nous appuyer sur la grille de lecture comparative proposée, depuis le champ de la sociologie des mobilisations et de l'action publique, par Myra Marx Ferree (2012). Selon cette auteure, inspirée en cela par la tradition de la sociologie des problèmes publics (*cf.* sur ce point Cefaï, 1996), il faut s'intéresser avant tout aux logiques d'insertion des formes sociales en cause dans leur contexte d'émergence. Trois mécanismes sociaux peuvent alors être repérés pour accompagner la production d'un sens accessible aux individus par les institutions ou structures collectives prépondérantes dans le domaine du travail.

En premier lieu, les normes et régulations de l'emploi relèvent de relations de pouvoir qui croisent des normes explicites, par exemple les hiérarchies, les qualifications, les grilles de salaire, etc. avec des normes implicites quant à l'emploi, comme l'appartenance à des classes ou à des groupes sociaux, la nationalité, le genre, l'ethnicité, etc. Les tensions, souvent dissimilées ou en tous les cas tues, entre logiques institutionnelles, ou au moins explicites, et des appartenances sociales officiellement non pertinentes dans le champ du travail, ouvrent des espaces à des positionnements institutionnels mais aussi identitaires des individus.

En deuxième lieu, les institutions du domaine de l'emploi, le service public de l'emploi ou le système des relations professionnelles, par exemple, créent des effets de structuration importants mais sont également encastrées dans des logiques politico-institutionnelles d'ensemble qui contribuent à leur donner du sens. Ces institutions sont ainsi considérées par les individus comme se trouvant « au service » ou faisant partie de programmes politiques plus larges, qu'il s'agisse de la construction d'une citoyenneté sociale, d'une politique de dérégulation au profit de normes marchandes ou tout autre chose.

En troisième lieu, dans la lignée de la théorie de la structure des opportunités politiques (McAdam *et al.*, 2001) et en Europe (par exemple, Kriesi *et al.*, 1992), les normes qui émanent du fonctionnement ou les logiques qui résultent de l'encastrement des institutions dans des programmes politiques procurent des opportunités à des acteurs organisés leur permettant de se saisir d'une ou l'autre des thématiques en cause dans le but d'initier des mobilisations sociales. Par une politique discursive ou de cadrage (*framing*), des acteurs sociaux peuvent tenter d'utiliser les significations sociales construites autour d'institutions dans le but d'influencer la mise en œuvre à leur profit, ou du moins, de faciliter des mobilisations sociales.

Ce cadre d'analyse est fructueux non seulement car il développe trois mécanismes concrets permettant de lire la façon dont les systèmes institutionnels et collectifs produisent des significations, mais encore parce qu'il est possible d'en déduire une lecture de la façon dont les individus se saisissent de ces sens pour interpréter leurs propres positions et trajectoires sur le marché du travail.

1.2. Normes d'emploi et formes identitaires

Pour faire le lien entre les logiques inspirées de la sociologie des problèmes publics qui rendent compte de la façon dont des institutions et normes font du sens pour les individus et les modes d'appropriation de ces normes et institutions par des individus, nous proposons de nous appuyer sur l'analyse produite par Claude Dubar des formes identitaires dans le contexte du rapport à l'emploi (Dubar, 1992). Dans un travail d'exploitation d'une série de travaux récents à l'époque, l'auteur a proposé une lecture des interactions entre des normes d'emploi – il s'agit surtout dans cet article d'actions de formation censées déboucher sur de la promotion professionnelle ou de la certification – et les identités individuelles des acteurs (Dubar, 1992). Claude Dubar systématise les variables pertinentes dans ses analyses pour rendre compte des logiques de comportement des individus face à des actions de formation. Il retient deux aspects principaux.

La première dimension est celle de la biographie. Le sociologue français s'attache alors pour l'essentiel à comprendre s'il existe des continuités ou des ruptures dans le parcours biographique des individus, en liaison avec le parcours professionnel. Les tensions en question mettent en présence les milieux sociaux et les valeurs liés aux milieux professionnels et à la vie personnelle. La seconde dimension est celle de la reconnaissance. Dans certaines circonstances, les « efforts » consentis par les individus rencontrent un écho favorable, ou dans d'autres, ils ne sont pas reconnus ou n'aboutissent pas. L'appariement entre une aspiration individuelle et un contexte institutionnel, d'acteurs, de situations économiques est alors plus ou moins effectif.

Au-delà des variables mobilisées par Claude Dubar, nous nous intéressons spécifiquement à deux aspects de la notion de formes identitaires. Le premier de ces aspects porte sur la dimension spécifiquement relationnelle de la grille d'analyse en question. En effet, loin d'opposer les dimensions analytiques sur lesquelles il travaille, Claude Dubar montre comment ces dimensions s'articulent les unes aux autres et révèlent également des positions qui relèvent plus de tensions que de véritables oppositions. Il parle d'ailleurs à propos de ces dimensions de transactions : de « transaction biographique » à propos de la dimension du parcours de vie des personnes et de « transaction relationnelle » pour ce qui touche à la reconnaissance. Ce terme de transaction renvoie à l'idée que les individus procèdent à des compositions, à des arrangements non seulement entre ces deux dimensions, mais aussi entre les positions polaires qui servent à composer les typologies isolées par le sociologue.

Le second aspect concerne la notion de « formes identitaires » en elle-même que le sociologue français définit comme : « des configurations socialement pertinentes et subjectivement significatives de nouvelles catégorisations indigènes permettant aux individus de se définir eux-mêmes et d'identifier autrui lorsque les catégories officielles deviennent problématiques » (*ibid*, p. 523). Elles sont pour Claude Dubar des « configurations de pratiques, de représentations et d'attitudes » (*ibid*, p. 524) qui prennent sens dans le contexte de situations historiques spécifiques et elles sont aussi des formes instables, dynamiques conformément à la définition des configurations par Norbert Elias (1978). Cette position correspond bien à la période actuelle que nous avons caractérisée en introduction d'incertitude face aux normes d'emploi qui résulte d'une pluralisation, voire d'un éclatement des normes d'emploi.

Nous appuyons notre analyse du rapport que les individus construisent aux normes d'emploi sur l'apport de Myra Marx Ferree qui met l'accent sur l'analyse de l'encastrement des normes d'emploi dans des contextes sociaux, culturels et politiques mais aussi sur celui de Claude Dubar qui insiste sur la façon dont les individus se composent, à partir des signaux émis par les normes d'emploi et de leur propre expérience, des transactions, des compositions entre des dimensions leur permettant de se stabiliser une identité qui leur est propre. Notre enquête a consisté en une série d'une vingtaine d'entretiens conduits avec des traductrices et traducteurs et d'une dizaine auprès d'étudiant-e-s en master professionnel de traduction. Ces entretiens approfondis d'une à deux heures invitaient les interviewé.e.s à présenter leur parcours professionnel. Les relances prévues se limitaient pour l'essentiel à inciter les personnes à évoquer leur rapport au marché de la traduction et les interactions entre vie professionnelle et vie personnelle.

Ces deux éléments étaient de toutes les façons évoqués le plus souvent spontanément par les personnes.

2. Traductrices et traducteurs entre transactions statutaires, marchandes et des temps et rôles sociaux

Notre matériau d'enquête nous a permis d'isoler trois dimensions pertinentes qui guident les relations que ces professionnel-le-s entretiennent avec les normes d'emploi de leur profession. Il s'agit de la relation au statut de l'activité professionnelle, de l'inscription de cette activité dans le marché et enfin, de la tension entre vie professionnelle et vie personnelle. Ces trois dimensions liées les unes aux autres renvoient à des équations personnelles, individuelles – nous le verrons dans l'examen de quelques types de relations aux normes d'emploi particulièrement caractéristiques – mais elles sont aussi, pour reprendre le cadre analytique proposé par Myra Marx Ferree, insérées dans des contextes sociaux et politiques qui en influencent grandement le sens pour les acteurs concernés. Nous allons en donner une illustration en proposant une lecture des changements institutionnels et dans les régulations, mais aussi de dynamiques spécifiques à la profession, qu'elles soient issues de dynamiques de marché ou liées à des changements techniques, etc. Nous apporterons des éléments sur les transactions statutaires (2.1), marchandes (2.2) et des temps et rôles sociaux (2.3) qui jouent un rôle clé dans la stabilisation de « formes identitaires » des traductrices et traducteurs.

2.1. Mettre en perspective les rapports individuels et collectifs aux statuts et à leurs supports

La relation au statut est en premier lieu d'une grande importance dans cette profession qui a connu au cours des dernières décennies au moins deux transitions importantes. La remise en cause du salariat dans le métier, dans un contexte politique marqué par la recherche de flexibilité est la première d'entre elles. La seconde touche à la mise à disposition de nouveaux supports à des statuts d'emploi comme celui d'auto-entrepreneur dans le cadre de politiques sociales et, particulièrement de l'emploi, qui prônent l'individualisation et la responsabilisation de la relation des individus au marché de l'emploi et, plus largement, à leur revenu.

Les services de traduction sont « généralement liés à la traduction de textes d'une langue vers une autre, résultant en un document écrit » (Eurostat). Cependant, en France, les professionnels du secteur regrettent un manque de contrôle sur l'activité : « Aucun Ordre, aucun Conseil ne réglemente la profession, ne définit ses obligations, n'intervient en cas de problème d'éthique, de déontologie ou de qualité » (sft.fr). Ailleurs, en Allemagne ou au Canada, des qualifications et des garanties sont nécessaires et indiquent un état plus avancé de contrôle professionnel sur l'activité. En 2011, l'Insee comptabilisait en France 10 482 entreprises de traduction et d'interprétation, pour un chiffre d'affaires de 572 millions d'euros, dans un secteur « constitué essentiellement d'entreprises individuelles » (Insee, 2011, p. 44). Le salariat est en effet limité aujourd'hui à quelques grandes entreprises et institutions internationales, pour les postes les plus valorisés et au niveau des agences de traduction où les conditions seraient plus précaires et plus dures.

Du point de vue statutaire, l'indépendance et l'exercice libéral constituent donc la norme d'emploi. Ce statut d'indépendance s'accompagne de nombreux « supports », avec plus d'une dizaine de possibilités allant de l'auto-entrepreneur au portage salarial. Ces supports ne sont pas neutres en termes de conditions de travail, de protection sociale et d'identité professionnelle. Par exemple, le régime de l'auto-entrepreneuriat a posé problème à certaines personnes rencontrées, car il produisait une sorte de dépréciation identitaire, en tant que forme « aidée » d'entrepreneuriat. La quasi-totalité des traductrices et traducteurs rencontré-e-s ont par ailleurs connu une pluralité de parcours ou ont pour projet de changer de statut de travail. Dans les analyses des entretiens, salarié-e-s et indépendant-e-s comparent souvent les statuts les uns aux autres.

Ces statuts occupent de fait une place centrale dans la production des identités individuelles. D'une part, parce qu'ils s'inscrivent dans des univers de sens partagés et historiquement consolidés, ils jouent comme des repères pour les individus. En termes de stratégie de recherche, ces univers de sens doivent être au cœur de la mise en perspective pour rendre compte des hiérarchies explicites et implicites qui traversent les sociétés et les groupes sociaux. Les significations du salariat, de l'indépendance et de l'entrepreneuriat sont attachées à des valeurs et à des images sociales, mais aussi de soi, qui marquent les traductrices et les traducteurs. De plus, les statuts et leurs supports contribuent à la production des identités individuelles et collectives puisqu'ils restent très liés à des droits et des protections variables qui contribuent à insérer différemment les individus dans la société. Ces dimensions concrètes – droit du travail, protection sociale, assurance – en fonction des différences statutaires – entre salariat et indépendance – sont d'ailleurs largement étudiées dans la comparaison des normes d'emploi. Myra Marx Ferree invite à prolonger l'analyse en posant la question de l'encastrement de ces dimensions dans des logiques politico-institutionnelles d'ensemble, reliant les dispositifs et supports aux valeurs qu'ils incarnent.

La comparaison des évolutions des normes d'emploi à partir de celles des statuts disponibles dans les sociétés, et plus encore à partir de l'étude des rapports individuels à ces statuts, nécessite d'intégrer les subjectivités individuelles et les parcours personnels à l'analyse. Il s'agit en somme d'aller plus loin que les indicateurs et catégories institutionnelles confrontés à leur incapacité à rendre compte de la complexité croissante des réalités économiques et sociales, pour poser plus fortement la question des rapports individuels et collectifs aux normes d'emploi, à leurs usages, sens et expressions qui produisent autant qu'ils révèlent les transactions identitaires à l'œuvre. Ainsi, le salariat, chez les traducteurs rencontrés, est souvent positivement associé à la sécurité et à un « cadrage » plus important du travail et des temps, à une routine tranquillisante. Le statut d'indépendant est à l'inverse associé à la liberté, à l'absence de subordination et des sociabilités professionnelles imposées dans l'entreprise. Dans les faits, la plupart des enquêtés ont souvent eu une première expérience du salariat avant de s'en éloigner définitivement ou d'associer salariat et indépendance dans des combinaisons complexes.

La diversification des statuts, des supports et des expériences qui accompagne la généralisation de l'indépendance dans le secteur de la traduction continue de s'opérer ainsi, en France, à l'ombre de la norme salariale. Les entretiens rappellent la persistance de cette norme dominante, puisque les traducteurs indépendants comparent toujours leur statut en rapport avec le salariat. Les entretiens montrent comment les préférences individuelles pour certaines conditions de travail et d'emploi plutôt que d'autres, se définissent dans la comparaison entre les statuts et leurs supports. La réalisation de ces préférences individuelles doit ensuite passer l'épreuve des marchés du travail et de l'emploi. Si l'activité a bénéficié de l'augmentation importante des besoins de traduction, les transformations du marché de l'emploi obligent à composer avec la raréfaction des débouchés salariés, le développement des agences et l'externalisation des services. Les nouvelles technologies et les outils les plus récents de traduction assistée par ordinateur (TAO) ont également soutenu le basculement du salariat à l'indépendance. Au-delà des statuts et de leurs supports, la comparaison des normes d'emploi nécessite donc de poser aussi la question des rapports individuels et collectifs aux marchés.

2.2. *La dimension marchande des identités*

L'inscription de l'activité de traducteur dans le marché est, dans le contexte de forte progression de l'indépendance, devenue une dimension structurelle du rapport au métier. Michel Lallement avait évoqué cet élément du rapport au marché pour des aspects collectifs – l'entreprise, la profession, le secteur, etc. (1999) ; après avoir rappelé les initiatives de régulation collective à l'œuvre dans le secteur de la traduction en France, nous déclinons cette dimension dans un rapport individuel ou interindividuel. L'influence des nouvelles technologies, et notamment des plateformes en ligne qui permettent la mise en relation instantanée par Internet entre offreurs et demandeurs de travail de traduction à l'échelle de la planète, a également entraîné une ouverture radicale du marché. Les mécanismes de marché créant de la segmentation, la forte augmentation de l'étendue du marché et de ses acteurs a créé une forte augmentation de la logique de segmentation également. Les espaces marchands au sein desquels se meuvent les traductrices et traducteurs, notamment les plus jeunes, sont aussi étendus et variés que ceux de la toile.

Accompagnant les évolutions croisées des marchés de la traduction (technique, littéraire, en fonction des langues notamment rares, etc.) et celles de l'emploi de traducteurs et traductrices, des associations professionnelles ont pris en charge des thématiques sensibles pour pallier l'absence de réglementation par les pouvoirs publics. La Société française de traduction (SFT) fait par exemple un travail de sensibilisation pour tout ce qui concerne les tarifs des traductions. L'association dispose également, depuis 2009, d'un code de déontologie que ses 1 500 membres s'engagent à suivre : respect fidèle du texte, travail dans les « règles de l'art », refus « des délais incompatibles avec la mission confiée », interdiction « de solliciter ou d'accepter une rétribution, de consentir des rabais ou ristournes, constituant des actes de concurrence déloyale » (SFT, 2009). Le code de déontologie de l'AFTL, l'Association française des traducteurs littéraires, définit également depuis 1988 les règles du métier. Au-delà de ces initiatives professionnelles, des normes sont apparues pour réguler le marché et encadrer l'activité des traducteurs comme celle, européenne, de 2006 (NF EN 15038 *Services de traduction : exigences requises pour la prestation du service*) qui est remplacée en 2015 par la norme internationale de qualité ISO 17000.

Le basculement dans l'indépendance oblige donc à un travail de reprise de contrôle collectif sur l'activité. En l'absence de régulation collective, l'identité professionnelle des traducteurs et la spécificité de l'activité qu'ils défendent sont menacées par une concurrence tous azimuts. Comme la qualité du travail et le tarif sont des marques fortes de reconnaissance professionnelle, le marché joue un rôle majeur et oblige chacun à se positionner vis-à-vis de sa propre activité. Les personnes rencontrées évoquent les situations compliquées qui mélangent, pour la fixation de leur rémunération, les nécessités économiques (se garantir un revenu minimal), des commandes aux tarifs peu élevés, des délais courts à accepter ou refuser dans l'urgence, parfois des opportunités intéressantes (positionnement sur une expertise, commande lucrative), la relation aux clients et leur propre rapport à la qualité de leur travail. Ces situations remettent en jeu l'identité professionnelle que chacun se construit dans son rapport continu au marché. La mise en concurrence s'accompagne de l'apparition d'outils informatiques et de bases de données qui permettent aux clients d'exiger de moindres rémunérations en ne payant que la traduction purement originale, calculée en pourcentage *réellement* traduit du texte fourni. La moitié des enquêtés de la SFT en 2015 déclare ainsi avoir un « chiffre d'affaires insatisfaisant ». L'investissement des associations professionnelles est en ce sens un élément central de la régulation professionnelle et de la défense des intérêts de la profession. En dehors des aspects strictement marchands et à propos des traducteurs littéraires, Sophie, « salue le travail de l'ATLF qui a beaucoup œuvré pour la reconnaissance et le prestige de traducteurs littéraires. Le nom des traducteurs figure aujourd'hui sur les couvertures des ouvrages » (Sophie, 50 ans).

Au niveau individuel, les relations au marché et les sens différents donnés à ces relations par les personnes rencontrées se comprennent à la fois sous l'angle de la rémunération et du tarif, d'une part – comme reconnaissance de la qualité du travail effectué – et sous l'angle de la relation commerciale, d'autre part – comme alternative à la relation salariée. Au-delà du tarif qui renvoie au marché de la traduction, les témoignages recueillis renforcent l'idée qu'il est important de prendre également en considération les conditions d'emploi, et donc les marchés de l'emploi dans lesquels tout travail est réalisé et quels sont les effets de ces conditions sur les représentations et les identités. Le marché du travail indépendant est de fait un marché qui s'extrait de la subordination du travail salarié, mais qui implique en contrepartie une négociation permanente pour la reconnaissance de la qualité du travail effectué. L'indépendance nécessite également un important travail de recherche de commandes. Si tous les enquêtés reconnaissent qu'ils peuvent refuser un travail en cas de délais trop courts ou de conditions financières insuffisamment intéressantes, beaucoup estiment aussi qu'une part non négligeable du travail consiste à se constituer une clientèle. Les centres de formations et écoles de traducteurs préparent d'ailleurs de plus en plus leurs élèves à la création d'entreprise et au développement d'une activité indépendante. Pour Sophie, une traductrice rencontrée lors de l'enquête, cette partie « commerciale » relativise la liberté du traducteur : « la vie d'indépendante n'est pas autonome, parce qu'il faut soigner de près les relations avec les responsables de collections qui donnent du travail » (Sophie, 50 ans).

Pour terminer, le rapport au marché et ses conséquences en termes d'emploi ont aussi des effets sur l'organisation concrète du travail de traduction. La généralisation du numérique, l'instantanéité des échanges, la nécessité de répondre aux commandes pour rester sur le marché et faire la preuve de sa fiabilité et disponibilité vont créer des configurations nouvelles de travail à domicile qui reposent les questions de conciliation des temps.

2.3. Mettre en perspective les rapports individuels et collectifs au travail

Enfin, le développement de l'indépendance dans ces professions a entraîné une reconfiguration des rapports entre vie professionnelle et vie personnelle pour un grand nombre de traductrices et de traducteurs. Un grand nombre des indépendants travaille dans son lieu de vie, parfois il s'agit d'une résidence familiale, dans un contexte sociopolitique de redéfinition des rôles sociaux de sexe. Dans cette dimension qui touche à la vie personnelle et aux rapports sociaux de sexe ou, plus largement, familiaux, les normes explicites sont moins fortes que pour ce qui touche aux statuts d'emploi ou au marché. En revanche, des normes implicites – « il est bien commode pour une femme de pouvoir travailler à la maison », « les métiers qui touchent au littéraire et aux langues vivantes sont avant tout féminins » – sont légion dans cet univers.

Ces tensions s'expriment avec force pour les traducteurs, qui sont majoritairement des traductrices. Or, nous savons grâce aux nombreux travaux sur le travail des femmes qu'elles connaissent des problématiques spécifiques de conciliations des différents temps sociaux, souvent pour des raisons culturelles et sociales. Le rapport 2015 de la SFT rappelle que le métier est essentiellement féminin puisque 80 % des répondants sont des femmes (SFT, 2015).

L'activité de traduction croise ainsi des problématiques en mutation liées aux reconfigurations des identités statutaires (salariat et indépendance), des identités professionnelles (négociées et exprimées sur les marchés) mais également d'identités personnelles prises dans les tensions qui se manifestent dans les déséquilibres entre travail et hors travail. Les rapports subjectifs au travail – et la place qui lui est accordée – comme les réalités objectives – de la place qu'il prend – définissent des équations personnelles de temps sociaux parfois complexes à démêler. Les avantages de la souplesse et des unités de lieux peuvent devenir des pièges qui se referment sur les personnes.

Ces dernières doivent s'astreindre à une réelle discipline pour compartimenter ce qui relève du travail et du non-travail et du hors-travail, pour tirer les bénéfices réels d'une souplesse et d'une autonomie propres à l'indépendance, sans payer le prix de la colonisation croissante des autres temps par celui du travail. Il s'agit alors de résister aux urgences, d'établir des routines, de se fixer des limites. La motivation pour l'indépendance, outre le fait qu'elle est devenue la norme d'emploi dans la traduction et qu'elle s'impose souvent à celles et ceux qui souhaitent en vivre, augmente parfois avec la naissance des enfants. Hélène, mère de quatre enfants, choisit les statuts d'indépendante et d'auto-entrepreneure pour leur flexibilité. Tiphaine liste également les bénéfices d'une gestion souple des temps, mais aussi les difficultés à faire de son lieu de vie son lieu de travail :

> Il y a les horaires avec la scolarité des enfants… si on n'a pas fini un projet, on peut bosser le soir. Je travaille beaucoup sur des petits projets. Je préfère les petits projets, parce que moi, travailler trois mois sur un même projet, ça me plairait pas […] Je sais aussi refuser du travail. Si je sais que ça va déborder sur le week-end, je prends pas de boulot en plus. J'ai pas de bureau fermé, avec les enfants, je peux pas travailler. Je prends 5 semaines, en mai, j'ai pris tous les ponts. Mon conjoint fait beaucoup de choses. Le ménage en week-end. Je fais les courses, mais il pourrait les faire. Je déjeune rapidement et je fais les courses entre midi et deux (Tiphaine, 38 ans).

Pour Marie, travailler chez soi comporte également un risque de solitude, d'isolement, reflétant une emprise croissante du travail sur les temps de sociabilité hors-travail. L'identité du travail prend le pas sur celles amicales ou familiales, associatives.

> La solitude, c'est vrai que ça peut devenir un problème si on oublie effectivement de faire la scission entre le professionnel et le privé. Après, c'est une question de…, oui, il faut arriver à s'auto-discipliner pour arriver à faire vraiment la distinction. Mais en période de travail important, vous ne faites plus la distinction, ce n'est pas la peine de faire semblant. Ce n'est pas la peine de faire non plus la femme très organisée… Je n'ai pas le temps de faire un dîner, je regarde dans le congélateur, voilà, c'est comme ça, c'est… […] Et ça, pour moi, arrivé à l'âge que j'avais, c'était parfait (Anne, 28 ans).

Travailler chez soi, en autonomie, ne convient pas à tout le monde. Pour Lucie, tentée par le salariat, l'expérience la renvoie à une identité d'étudiante qu'elle assume mal à cette étape de son parcours de vie :

> Je ne travaillerai pas dix ans comme ça. Surtout à Paris où… oui, oui. Là j'ai l'impression en fait d'avoir un peu reculé dans le… pas dans l'échelle sociale… mais j'ai l'impression de vivre comme quand j'étais étudiante, alors que j'étais plus… libre finalement quand j'étais salariée (Lucie, 26 ans).

Les hommes, minoritaires dans la profession, sont aux prises avec des transactions identitaires particulièrement riches. En situation de travail à la maison, quand les conjointes travaillent à l'extérieur dans le cadre du salariat, ces hommes se trouvent dans un dispositif pratiquement inverse aux normes dominantes implicites aujourd'hui encore et qui associent les hommes au marché extérieur à la maison et les femmes, au contexte domestique. Là aussi, il y a des contrastes entre ceux qui apprécient de combiner avec les rôles sociaux et parviennent à en avoir une vision relativement peu sexuée. C'est le cas de Jean-Christophe, 47 ans :

> Pour moi, travailler à la maison, ça voulait dire pouvoir aller chercher les enfants à l'école à 4h et demie, les faire manger avec moi à midi… je pouvais après soit passer un peu de temps avec eux, soit quand je sentais qu'ils s'occupaient, je pouvais continuer à travailler…. Bon des fois, quand ils me prenaient trop de temps le jour, je bossais pas mal le soir, voire la nuit quand c'était calme et que j'avais besoin de travailler beaucoup d'heures pour arriver au seuil que je m'étais fixé, mais maintenant que je travaille pas en dessous de 9 centimes, j'y arrive plus vite.

D'autres comme Henrik, 28 ans, ont du mal à déconnecter les rôles sociaux d'une certaine identité sexuée. De ce point de vue, les tensions peuvent venir de toute part et il peut être aussi difficile d'être un « homme moderne » qui assume sa part de tâches domestiques :

> La seule différence que je pourrais noter, c'est qu'avant [dans un ancien poste de salarié] j'avais plus de temps, paradoxalement, pour faire le ménage, parce que quand j'avais les horaires souples par exemple, ça m'arrivait d'être rentré pour 4h, 4h et demie, en commençant le matin tôt, et du coup comme je n'avais rien d'autre à faire, je faisais le ménage. Maintenant, ça ne m'arrive pas de m'arrêter à 4h et demie, je continue jusqu'à temps que j'aie la sonnette qui dise : « Ah, ma femme est rentrée, je m'arrête ». Même si des fois je me dis : « Il faudrait que je fasse le ménage, ce serait bien », mais je n'arrive pas à m'arrêter. Tant que ce n'est pas quelque chose d'urgent ou vraiment d'essentiel

à faire, qu'on ne pourra pas faire après. Plutôt que de reporter le travail, je reporte tout le reste en fait.

Dans un certain sens, j'ai l'impression d'avoir moins de temps libre, au final, que quand j'étais salarié, justement parce que ce n'est pas structuré par des obligations extérieures. Ça me plaît, de travailler, je ne le vis pas comme une malédiction. C'est moi qui décide. Et ça, je trouve que ça fait une grande différence. Mais c'est vrai que paradoxalement, même si je suis à la maison, que je n'ai pas les transports, j'ai rien, j'ai moins de temps, dans les faits, *de facto.*

Henrik lie son incapacité à gérer son temps de travail à la maison avec la pression qui pèse sur ses épaules de dégager suffisamment d'argent de son activité professionnelle. A nouveau, cette pression est genrée et vient de sa volonté cette fois d'être un « homme traditionnel » qui assume son devoir de Monsieur Gagne-pain dans le contexte de son couple :

« Je me dis que je dois gagner pas mal d'argent quand même…
Question : *Donc ça vous fait un revenu qui est…*
…qui est correct, qui n'est pas encore celui que j'aimerais avoir. A terme j'aimerais bien que, quand on aura un enfant, que ma femme ait au moins la liberté de choisir de ne pas retourner au travail tout de suite…
Question : *Elle est indépendante aussi ? (si je peux me permettre la question…)*
Non…
Question : *Elle est salariée ?*
Elle est salariée, elle est consultante. De nous deux c'est quand même elle qui rapporte le plus d'argent à la maison, sauf mois exceptionnels. Effectivement…, à moi tout seul je ne pourrais pas payer le prêt, les frais de fonctionnement, les charges, je ne pourrais pas. A deux c'est très bien, c'est parfait. Mais c'est sûr, que si elle disait : « J'aimerais bien arrêter de travailler un peu pour m'occuper du potentiel bébé », j'aimerais vraiment atteindre un revenu qui me permette de lui dire : « Ok vas-y » (Henrik, 32 ans).

Pour les femmes, et peut être encore plus pour les hommes, les transactions identitaires ne se jouent que dans une tension entre des représentations polarisées entre les avantages et les inconvénients du travail à la maison, et des opportunités de conciliation, sous la pression constante du revenu à dégager de l'activité. Les rôles sociaux de sexe, installés dans les codes sociaux, recèlent encore des sortes de programmes qui s'imposent aux individus et prennent du sens dans le cadre de la vie de couple et de famille.

Conclusion

Les comparaisons internationales, intersectorielles, entre groupes sociaux ou professionnels dans un contexte d'incertitudes et de complexités croissantes devraient tirer bénéfice d'une plus grande attention accordée aux compositions identitaires produites par les personnes aux prises avec des réalités institutionnelles (statuts), professionnelles (marchés) et « laborieuses » (travail/hors travail) plurielles et révélatrices de sens nouveaux. La complexité des situations dont il est cependant rendu compte ici, au-delà du constat de la nécessaire ouverture des catégories analytiques vers des dimensions subjectives, s'efforce de systématiser la mise en évidence d'une grammaire des combinaisons des sens à la croisée entre les deux entrées analytiques retenues. La première a pour but de proposer un cadre d'analyse de la transformation des normes d'emploi disponibles dans une situation donnée en des signaux intelligibles pour et par les individus concernés. Nous pensons de ce point de vue que les normes d'emploi explicites disponibles dans une profession sont insérées dans un triple contexte de sens qui sont autant de vecteurs concrètement accessibles aux individus. D'abord, il faut mentionner dans un contexte d'action micro, les normes implicites, voire dissimulées des rapports de pouvoir au quotidien ; ensuite dans un cadre plus macro, comptent les logiques politiques d'ensemble dans lesquelles s'insèrent les dispositifs individuels ; enfin, dans une logique plus méso cette fois, les acteurs collectifs fournissent des cadres interprétatifs qui s'appuient sur les aspérités et les contradictions qui sont celles de ces dispositifs et de leurs logiques d'insertion dans des contextes institutionnels et politiques d'ensemble. Inspirée de façon déductive par des travaux ancrés dans le champ de la sociologie des problèmes publics (Ferree, 2012) cette première grille d'analyse est complétée par une seconde qui est, elle, appuyée sur une logique largement déductive. L'analyse des « formes identitaires » inspirée de Claude Dubar (1992) suppose de repérer des enjeux problématiques pour les individus confrontés à leur propre situation sur le marché du travail, dans une profession, et ainsi à des conflits de valeur entre leur propre trajectoire, situation, évolution, aspirations, etc. et des alternatives ou, le cas échéant, des options plus complexes, qui s'offrent à eux. Pour ce qui nous concerne, nous avons retenu trois enjeux de tensions : le choix d'un statut d'emploi associé aux supports existants – salariat, indépendance, combinaison entre les deux, type d'indépendance, etc. –, l'inscription sur le marché de la profession de traduction et la tension entre vie professionnelle et vie personnelle. Cette approche permet en même temps de faire le lien avec entre les aspects individuels et les dimensions plus collectives, voire institutionnelles. Ensemble, ces trois enjeux sont apparus dans nos entretiens comme les plus saillants dans les logiques de construction identitaire des individus aux prises avec la profession de traducteur.

De ce point de vue, nos cas empiriques soulignent l'importance des recompositions identitaires plurielles auxquelles se livrent traductrices et traducteurs à un moment où se transforment, où éclatent les normes d'emploi. Les constructions identitaires proposées par les institutions et les collectifs organisés et saisies par les personnes s'inscrivent dans des cadres socio-politiques plus généraux qui se font concurrence. Aujourd'hui, dans la plupart des cas, les individus composent ces cadres dans deux dimensions. En premier lieu, dans une dimension synchronique, certains procèdent à des arrangements entre des cadres concurrents, par exemple en combinant une activité salariée à plein temps et une inscrite dans le cadre de l'indépendance. D'autres procèdent à ce genre de combinaison à l'échelle de leur foyer. Souvent en effet, des autoentrepreneurs ou des traducteurs littéraires – le plus souvent il s'agit de femmes – se « permettent » la liberté de leur activité incertaine, parce que les conjoints bénéficient de contrats stables. Lorsque les hommes se retrouvent dans cette situation peu rémunératrice ou vécue comme trop précaire, la tension est moins harmonieuse et ils se sentent mis sous pression par une situation que certains vivent comme en décalage par rapport à ce que leur genre induit habituellement. En deuxième lieu, les aspects diachroniques sont également importants. D'abord, traductrices et traducteurs évoquent leurs propres parcours et comparent ainsi spontanément leurs passages dans l'une ou l'autre des formes d'emploi de la profession. Ou alors, toujours ramenées à leur propre situation, ces personnes se projettent dans des perspectives, le plus souvent d'indépendance ou de montée en gamme dans l'indépendance. Enfin, elles rendent également compte de leurs jugements sur l'évolution des statuts d'emploi, souvent d'ailleurs pour estimer que le statut du salariat n'est pas adapté au temps présent et qu'il s'agit d'une forme dépassée.

Les jugements formés par les individus sur les statuts de travail ou leur position sur le marché sont certes structurants dans leur composition identitaire. Mais ces jugements sont aussi le résultat de compositions entre valeurs personnelles et contraintes. La latitude de choix certes importante dont bénéficient les traducteurs n'est ainsi pas indépendante de l'évolution du marché dans ce secteur. La faible attraction pour le salariat résulte aussi largement de la dégradation de fait des emplois de statut salarié dans cette branche pratiquement « désalariée ». En effet, dans la plupart des cas, les emplois salariés disponibles sont les postes peu attractifs proposés par les agences. Le choix de l'indépendance est ainsi aujourd'hui le plus souvent devenu un choix contraint, mais qui ouvre un espace aux individus, en fonction d'un grand nombre de critères – diplôme, expérience, assurance, notoriété, spécialité, etc. – leur permettant de se positionner dans un rapport spécifique à l'indépendance. La plupart des individus rencontrés portent des jugements positifs sur les normes qui régissent la structuration au sein de cet espace, avant tout marchand, alors que les principes de justice des individus se trouvent le plus souvent heurtés par les relations qui règnent au sein de la vie de salarié, ou au moins, ce récit est-il clairement dominant.

La comparaison s'enrichit de ces focales multiples qui croisent des offres d'identités statutaires (salariat, indépendance) portées par des dimensions profondément structurantes mais de moins en moins clivées et clivantes (stabilité, protection, précarité, responsabilité, autonomie, subordination), des productions d'identités professionnelles négociées sur les marchés, impliquant des acteurs aux attentes partiellement convergentes (qualité des prestations) et opposées (tarifs et prix), et des identités du travail façonnées au quotidien au croisement des temps sociaux, des places et importances relatives accordées au travail et au hors-travail, sous contrainte de revenu. Les résultats que nous livrons pour la France dans cet article doivent encore faire l'objet d'un véritable travail de comparaison avec la situation brésilienne. Cette comparaison avec un cas contrasté sur le plan institutionnel permettra de réduire la complexité qui demeure dans le cas de la France.

Bibliographie

Cefaï Daniel, 1996, « La construction des problèmes publics. Définitions de situations dans des arènes publiques », *Réseaux*, vol. 14, n° 75, p. 43-66.

Cingolani Patrick, 2014, *Révolutions précaires – Essai sur l'avenir de l'émancipation*, Paris, La Découverte.

Dubar Claude, 1992, « Formes identitaires et socialisation professionnelle », *Revue française de sociologie*, vol. 33, n° 4, p. 504-529.

Fligstein Neil, Byrkjeflot Haldor, 1996, « The Logic of Employment Systems », *in* Baron James N., Grusky David, Treiman, Donald (dir.), *Social Differentiation and Social Inequality*, Boulder, CO : Westview, p. 11-35.

Gallie Duncan, 2008, « Production regimes, employment regimes and the quality of work », *in* Duncan Gallie (dir.), *Employment Regimes and the Quality of Work*, Oxford, Oxford University Press, p. 1-34.

Giraud Olivier, Lechevalier Arnaud, 2010, « L'éclatement de la norme d'emploi en France et en Allemagne au tournant du siècle », *Working paper / RT6, Politiques sociales, protection sociale, solidarités*, n° 2010-8, Association française de sociologie.

Hall Peter, Soskice David, 2001, « An introduction to varieties of capitalism », *in* Hall Peter, Soskice David, (dir.), *Varieties of Capitalism – The institutional foundation of comparative advantage*, Oxford, Oxford University Press, p. 1-68.

Insee, 2011, *Les services en France*, Fiche thématique.

Koch Max, Fritz Martin, 2013, *Non Standard Employment in Europe : Paradigm, Prevalence and Policy Responses*, Bsingstoke, Palgrave-Macmillan.

Kriesi, Hanspeter, Koopmans Ruud, Duyvendak Jan Willem, Giugni Marco, 1992, « New social movements and political opportunities in Western Europe », *Journal of European Political Research*, vol. 22, n° 2, p. 219-244.

Lallement Michel, 1999, *Les gouvernances de l'emploi. Relations professionnelles et marché du travail en France et en Allemagne*, Paris, Desclée de Brouwer.

Marx Ferree Myra, 2012, *Varieties of Feminism – German Gender Politics in Global Perspective*, Stanford, Stanford University Press.

McAdam Doug, Tarrow Sidney, Tilly Charles, 2001, *Dynamics of Contention*, Cambridge, Cambridge University Press.

Rey Frédéric, 2010, « Mondialisation et réorganisation spatiale des relations professionnelles », *in* Aballéa François, Mias Arnaud (dir.), *Mondialisation et recomposition des relations professionnelles*, Toulouse, Octarès, p. 223-233.

Société française des traducteurs – SFT, 2009, Enquête tarifs 2009, Commission statistique et études du marché, Paris.

Société française des traducteurs – SFT, 2015, Enquête 2015 sur les pratiques professionnelles des métiers de la traduction, Paris.

Zimmermann Bénédicte, 2011, *Ce que travailler veut dire – Une sociologie des capacités et des parcours professionnels*, Paris, Economica.

Le travail migrant dans la zone grise

(In)visibilités et inégalités multipliées au Brésil, au Canada et en France[1]

Thales SPERONI
Doctorant en sociologie
Universidade Federal do Rio Grande do Sul – Porto Alegre (Brésil)
Universitat Autònoma de Barcelona – Barcelone (Espagne),
thales.speroni@ufrgs.br

Cinara Lerrer ROSENFIELD
Professeure titulaire de sociologie,
Universidade Federal do Rio Grande do Sul, PPGS/UFRGS –
Porto Alegre (Brésil), rosenfield@uol.com.br

Ce texte offre une vue d'ensemble de l'insertion des immigrants dans la zone grise du travail et de l'emploi dans trois pays différents en matière de structures démographiques, de modèles migratoires et de marchés professionnels : le Brésil, le Canada et la France. Dans un premier temps, nous proposons un panorama des tendances principales des migrations internationales contemporaines. Puis nous partons de statistiques officielles pour montrer combien l'insertion professionnelle des immigrants dans ces trois pays est sujette à des inégalités. Enfin, nous distinguons certains vecteurs d'invisibilité et de pluralisme qui complexifient l'analyse des inégalités et situent le travail migrant dans la zone grise du travail et de l'emploi.

---

[1] Ce travail s'inscrit dans le cadre du programme ANR (Agence nationale de la recherche) ZOGRIS (2011-2015) *L'évolution des normes d'emploi et les nouvelles formes d'inégalités : vers une comparaison des zones grises (Brésil, États-Unis, France) ?*, coordonné par Donna Kesselman (UPEC-Créteil/Imager).

Traduction de Pascal Reuillard pascalr@terra.com.br.

L'ensemble des citations issues d'ouvrages en langue étrangère ont été traduites par nous.

1. Tendances des migrations contemporaines

Les migrations internationales sont un phénomène mondial de plus en plus important du fait de leurs nombreuses implications politiques, économiques, culturelles, juridiques et morales (Castles, Miller, 2009, p. 2-7). Elles présentent une composition, une orientation et de nouvelles dynamiques complexes (Audebert, Dorai, 2010, p. 7) qui défient les repères tracés par les grands débats sociologiques. Castles et Miller (2009, p. 10-12) identifient les tendances suivantes :

Les migrations se sont mondialisées. Le nombre de pays concernés par les flux migratoires ne cesse d'augmenter et d'exercer des rôles différents, voire simultanés (pays émetteurs, de passage et récepteurs de migrants) (Nations unies, 2013). Étant donné que les flux migratoires se font dans toutes les directions et de manière polyédrique (Solé, Cachón, 2006, p. 21), ils sont pendulaires, circulaires et réversibles (Audebert, Dorai, 2010, p. 8). En outre, cette nouvelle dynamique donne lieu à une *prolifération des transitions migratoires* : plusieurs pays traditionnellement qualifiés de pays d'émigration deviennent aussi des pays de passage et/ou d'immigration. Nonobstant des intensités, des configurations et des amplitudes différentes, c'est ce que vivent depuis quelques années des pays aussi distincts que le Brésil, la Turquie, la Corée du Sud et l'Espagne (Castles, Miller, 2009, p. 12). Pour la sociologie, les sens sociaux de l'intensification de la diversité ethnique des pays, l'identification des interfaces possibles entre la mondialisation des biens et des capitaux et la mondialisation des personnes (Sassen, 1998 ; Smith, Guarnizo, 1998) sont certains des éléments qui émergent de cette tendance.

Les migrations internationales se sont accentuées. Sur une période de 25 ans seulement, la population immigrante mondiale a augmenté de 62,3 % (World Bank, 2015). En 1990, les individus vivant en dehors de leur pays de naissance étaient estimés à 154 millions. Ce nombre est passé à 175 millions en 2000 et a franchi la barre des 250 millions en 2015, l'équivalent de 3,4 % de la population mondiale totale (World Bank, 2015). Au cours des dernières années, le taux de croissance annuelle de ce nombre a davantage augmenté dans le Sud que dans le Nord (Nations unies, 2013). Cette accélération des migrations entraîne beaucoup d'interrogations, aussi bien sur les actions des États-nations et des organisations internationales (Castles, 2004) que sur la circulation de devises (World Bank, 2015), les impacts sur la démographie (Coleman,

2008) ou encore les effets sur les marchés de travail des pays d'origine et d'arrivée (Docquier *et al.*, 2014).

Les migrations se sont diversifiées. L'un des effets de l'intensification et de la généralisation des flux migratoires est la pluralisation des types de migration. Plusieurs circuits migratoires contemporains réunissent différents types de mobilité. L'échelle géographique (interne ou internationale), les raisons (travail, études, humanitaires, unification familiale, etc.), les attentes sur la durée de la résidence (provisoire ou permanente), le type de flux migratoire (linéaire, pendulaire ou circulaire) et d'autres caractéristiques se multiplient et s'associent au fil de l'itinéraire de mobilité des immigrants et de leurs familles.

Les migrations se sont féminisées. À la fin du XXᵉ siècle et au début du XXIᵉ, les rôles traditionnels de genre se sont inversés dans le processus de migration : les femmes représentent 52 % du total d'immigrants dans le Nord et 43 % dans le Sud global (Nations unies, 2013). Les mouvements migratoires se sont féminisés parce que plus de femmes traversent des frontières mais aussi parce qu'elles le font désormais dans la condition d'actrices principales du processus (Solé, Cachón, 2006, p. 16). La modification de l'organisation et de la structure familiale que provoque leur migration tend à être plus profonde que celle des hommes (Castellanos, 2005). Identifier et comprendre les conditions dans lesquelles elles croisent les frontières, les opportunités d'emploi qui les attendent sur les lieux d'arrivée, les conséquences de leur mobilité pour les familles et leurs (ré)organisations (Parreñas, 2005 ; Parella, 2012 ; Mazzucato, Schans, 2011 ; Baldassar, Merla, 2014) sont quelques-unes des problématiques qui adviennent de cette tendance.

Les migrations se sont politisées. Les migrations internationales sont au centre du débat politique actuel. D'un côté, cela s'exprime par l'associatif et l'activisme migrant dans le pays d'origine comme dans le pays d'arrivée (Lafleur, 2005) et par l'exercice du droit de vote quand les normes juridiques le permettent (Nyers, Rygiel, 2012) ; d'un autre côté, par l'existence de mouvements et de partis anti-immigration qui, comme dans le cas de la France et des États-Unis, pèsent lourd dans les médias et auprès de l'électorat. La politisation des migrations occasionne une multiplicité de questionnements sur : les positions des États nationaux et des organisations internationales (Audebert, Dorai, 2010 ; Castles, 2004) ; les statuts juridiques et les différentes formes de citoyenneté offertes par les États nationaux aux immigrants (Smith, 2001) ; la relation entre les migrants et les différents États nationaux qui font partie de leur trajectoire de mobilité (Smith, Guarnizo, 1998 ; Wenden, 2013).

Marquée par l'articulation de ces différentes tendances, la nouvelle configuration des migrations a des conséquences profondes sur le mode de (re)production et de multiplication des inégalités (Faist, 2009). Dans les lignes suivantes, nous indiquons les inégalités que connaît le travail migrant dans des contextes aussi différents que le Brésil, le Canada et la France, avant de réfléchir aux vecteurs possibles d'invisibilité de l'inégalité et de pluralité du travail migrant.

2. Travail migrant et inégalités au Brésil, au Canada et en France

Il s'agit ici de montrer les inégalités qui marquent le travail migrant au Brésil, au Canada et en France. Le choix de ces trois contextes nationaux est dû aux contrastes, aux différences et aux similitudes qu'ils présentent entre eux. L'accent est mis en particulier sur leurs structures géographiques et l'importance (ou non) des immigrations, leurs modèles de gestion des flux et d'intégration sociale des immigrants, la composition de leurs différents flux migratoires et stocks de migrants ainsi que les différentes formes et conditions de développement du travail migrant.

2.1. *Brésil, inégalités dans un nouveau cycle migratoire*

Le Brésil a été considéré comme un pays d'immigration jusqu'à la période précédant la Deuxième Guerre mondiale. Pendant les années 1980 et 1990, le solde migratoire s'est inversé et le pays est devenu un pays d'émigrants (Carvalho, Campos, 2006). Et depuis les années 2000, il est devenu simultanément un lieu d'origine, de passage, de destination et de retour.

D'après l'Enquête nationale auprès d'un échantillon de ménages (PNAD) de 2013 (Brasil, 2013), 760 000 personnes originaires d'un autre pays vivent au Brésil, ce qui représente 0,38 % de la population du pays. Ce nombre est largement plus bas que le nombre canadien et français, autrement dit la structure démographique brésilienne est peu dépendante des flux migratoires. Pourtant, la tendance actuelle est à la hausse. Sur les quinze dernières années, il y a eu une augmentation des immigrations provenant du Sud global et en particulier d'Amérique du Sud, d'Haïti et du Sénégal (Cavalcanti, 2015, p. 139-140). Ce type de flux migratoire a notamment été motivé par l'Accord de résidence du Mercosur, Bolivie et Chili, signé en 2009, par l'amnistie accordée aux immigrants sans papiers (2009a ; 2009b) et par la résolution normative de 2012 qui concède des visas humanitaires aux Haïtiens, dont le pays a été très durement frappé par le tremblement de terre en 2010 (Brasil, 2012). Si le Brésil se distingue pour son caractère humanitaire, jusqu'à présent aucune nouvelle loi n'a encore été votée en remplacement du « Statut de l'étranger » (Brasil, 1980), pour lequel l'immigration est une menace potentielle contre la sécurité nationale.

En ce qui concerne l'aspect professionnel, les données du Rapport annuel d'informations sociales – RAIS (Brasil, 2014) signalent entre 2010 et 2014 une hausse de 126 % de travailleurs immigrants sur le marché du travail formel – ils sont passés d'environ 70 000 à 158 000 (Dutra, 2015, p. 59-60). En 2014, les emplois les plus occupés par ces travailleurs étaient liés à la chaîne productive de l'*agrobusiness*, comme les chambres froides et les abattoirs, aux travaux publics et à la restauration (Cavalcanti, 2015, p. 143). Dans le cas spécifique du Brésil, il n'est pas possible d'identifier une participation massive des femmes immigrantes dans les services à la personne parce qu'ils sont généralement effectués par des Brésiliennes (surtout des Noires et/ou des Brésiliennes d'autres régions). Les données de 2014 montrent également que 30,8 % des travailleurs migrants sur le marché formel reçoivent entre 724 et 1 448 *reais* (entre 234 et 456 € au taux de change du 10/2/2016). Si l'on compare les étrangers avec les Brésiliens, on s'aperçoit que la plupart des latino-américains reçoivent des salaires plus bas et travaillent dans des lieux plus difficiles ; des groupes comme les Coréens, les Chinois et, dans une moindre mesure, les Argentins et les Chiliens tendent à avoir une meilleure situation professionnelle et un salaire un peu plus élevé que les Brésiliens en général (Vilela, 2011, p. 106-107). Pour l'auteur, cette configuration est due aux différences liées aux niveaux d'instruction, à l'expérience sur le marché du travail, à l'effet des enclaves ethniques et à la discrimination, qu'elle soit positive ou négative (Vilela, 2011, p. 112-113).

Il est important de préciser que les éléments présentés ne concernent que le marché du travail formel vu qu'il n'existe pas de données quantitatives disponibles sur le travail migrant informel. Il n'y a donc pas d'informations complètes sur les différents degrés possibles d'(in)formalisation du travail et de la résidence qui marquent le quotidien migrant au Brésil. Le travail des Boliviens dans des ateliers de confection de São Paulo est un exemple de cette réalité mouvante. Souvent, la régularisation de la résidence permise par l'ouverture récente de l'État brésilien (Brasil, 2009a, 2009b) est en lien avec l'informalité et la précarité du travail – qui peut aller jusqu'à des situations analogues au travail esclave (Baeninger, 2012 ; Freire da Silva, 2009 ; Silva, 2006).

Auparavant, le débat sur les inégalités au Brésil se concentrait sur les processus de stratification reliés à la classe, à la race et au genre. Les migrations internationales étaient au second plan (Santos, 2009 ; Souza, 2005). En raison de l'importance croissante des migrations dans le pays, ce scénario commence à changer. Les débats sociologiques et historiographiques classiques sont revus (Fernandes, 2008 ; Monsma, 2010) et de nouvelles questions sur les intersections possibles entre les migrations et les autres axes d'inégalités voient le jour (Santos, 2012 ; Vilela *et al.*, 2015). L'étude de Vilela et de ses collègues (2015) démontre que la question ethnique et raciale peut être associée aux clivages qui se fondent sur l'origine nationale. La comparaison entre les rémunérations de travailleurs d'origine nationale et de couleur/race différentes pour un même poste de travail montre que le Noir brésilien reçoit un meilleur salaire que les ouvriers des vagues migratoires latino-américaines étudiées (Boliviens, Paraguayens, Péruviens et Uruguayens). Par exemple, un ouvrier d'origine péruvienne dans l'État de São Paulo touche un salaire amputé de 34,3 % tandis qu'un migrant brésilien noir perd 18,2 % (Vilela *et al*, 2015, p. 31).

Sur la scène brésilienne actuelle, la migration est un thème en constante augmentation dans la question des inégalités. D'où la nécessité de perfectionner les politiques migratoires d'accès aux frontières et d'intégration sociale, mais aussi d'intégrer de nouvelles variables spécifiques dans les statistiques officielles et les registres administratifs.

2.2. *Canada, inégalités dans un pays modèle*

Le Canada est la huitième destination mondiale des immigrants (World Bank, 2015). Ses 7,4 millions d'immigrants correspondent à 20,8 % du total de la population canadienne – une proportion deux fois plus élevée que celle des États-Unis et la plus haute parmi les pays du G8 (World Bank, 2015). Chaque année, le Canada reçoit entre 260 000 et 285 000 nouveaux résidents permanents de différentes origines. Entre 2006 et 2011, les immigrants les plus nombreux venaient des Philippines, de Chine, des États-Unis, du Pakistan, du Royaume-Uni et d'Iran (Statistics Canada, 2011).

D'après Gallagher, l'ouverture du Canada aux immigrants fait partie d'un processus de restructuration de l'identité nationale développé dans la période d'après-guerre avec des normes migratoires plus permissives

(2009, p. 172). Parmi les différents composants de la politique migratoire, il y a le système de points mis en place à la fin des années 1960. Ce système encourage la venue de travailleurs qualifiés qui ont une expérience professionnelle et des attributs linguistiques leur permettant de s'intégrer socialement et professionnellement plus vite. Parce qu'il ne tient pas compte de l'origine ethnique pour la sélection de nouveaux résidents permanents, ce système a, comme d'autres politiques publiques spécifiques, promu le multiculturalisme (Reitz, 2012).

Le modèle canadien a également été motivé par ses résultats économiques (OCDE, 2011, p. 12). Les analyses sur les effets économiques de l'immigration au Canada diffèrent, cependant il existe un consensus relatif sur les conséquences positives pour le PIB du pays. Pas seulement grâce à une plus grande offre de main-d'œuvre qualifiée et moins chère, mais aussi à une utilisation plus effective de l'infrastructure et des services publics du pays – des facteurs à l'origine d'une réduction général du coût de la vie et d'une expansion du marché consommateur interne (Grubel, 2009, p. 98). Certes, le modèle canadien serait difficilement applicable au Brésil et en France dans la mesure où il se fonde sur la position géographique d'isolement du pays nord-américain et sur une forte dépendance démographique et professionnelle par rapport aux migrations internationales.

Mais si le Canada est reconnu comme l'un des pays les plus ouverts, les immigrants, et en particulier ceux des « minorités visibles » (Statistics Canada, 2011), ne sont pas pour autant épargnés par les difficultés. Les données de la dernière décennie suggèrent que les inégalités entre les natifs du Canada et les natifs d'autres pays se sont approfondies. Cet écart est notamment le résultat d'une norme migratoire parfois contradictoire avec les dynamiques du marché du travail ; de barrières linguistiques et de culture de travail ; et de la non-reconnaissance, ou dévalorisation, des qualifications professionnelles et universitaires des immigrants. En 2011, le taux d'emploi des hommes immigrants de 25 à 54 ans était de 83 % contre 85,5 % pour les hommes nés au Canada. La différence est largement plus marquée pour les femmes : 68,8 % pour les immigrantes contre 80,3 % pour les femmes nées au Canada (Statistics Canada, 2012).

Reitz étudie depuis plusieurs années (2007, 2012) les mécanismes qui permettent ou entravent l'intégration des immigrants sur le marché du travail canadien. Selon lui (2007, p. 12), quatre facteurs déterminent la situation des immigrants : les lois migratoires et les normes d'installation, l'assimilation au cours du temps, la dévalorisation du capital humain, le lieu d'origine et la possibilité de discrimination. Il y a ajouté l'importance des niches sur les marchés du travail, le capital social et culturel et le contexte institutionnel. Ces mécanismes sont conformes au panorama de la dernière décennie. Tandis que 82,6 % des immigrants venus de pays européens et faisant partie de la population active travaillent, le taux des latino-américains était de 75,1 % en 2011 (Statistics Canada, 2012). Si le lieu d'origine est important, le temps de permanence sur le lieu de destination exerce également un rôle sur le taux d'emploi. 61,4 % des travailleurs latino-américains sont arrivés pendant les cinq dernières années, 75,7 % entre cinq et dix ans, et 79 % sont là depuis plus de dix ans (Statistics Canada, 2012). On le voit, même un pays jugé modèle n'échappe pas aux inégalités professionnelles ; sur le marché du travail, les disparités sont importantes, persistantes et diversifiées pour les immigrants.

2.3. France, inégalités pérennes

En 2014, la France comptait plus de 7,6 millions d'immigrants – la septième plus grande population immigrante du monde et la troisième de l'Europe en nombre absolu (World Bank, 2015). Le pays est un des pays européens où les flux migratoires sont les plus anciens et les immigrants y représentent 11,6 % de la population totale (Eurostat, 2015). D'après des estimations sur la population de 2011, 19,2 % de la population métropolitaine française sont immigrants de première ou deuxième génération (Tribalat, 2015). Ce nombre tend à augmenter si l'on considère que 29 % des nouveau-nés dans les régions métropolitaines françaises ont au moins un parent d'origine étrangère (Insee, 2014b). Les femmes représentent 52,1 % du total de la population immigrante et les hommes 47,9 % (Eurostat, 2015). Sur l'ensemble des immigrants, 13,1 % sont nés en Algérie, 12,1 % au Maroc, 10,5 % au Portugal, 5,1 % en Italie, 4,4 % en Tunisie, 4,3 % en Espagne et 4,3 % en Turquie (Insee, 2012a).

Le modèle d'intégration française se fonde sur le principe d'égalité républicaine, qui contraste avec la « logique des minorités » et la reconnaissance des communautés (Lochak, 2006, p. 4). D'après Safi, l'exigence pour les immigrants d'adhérer aux principes et aux normes républicains et d'avoir des connaissances de la langue française a transformé le discours d'intégration en un instrument de constitution de frontières ethno-raciales dans la société française (Safi, 2014, p. 5). Ce modèle d'intégration, ses mécanismes de « resocialisation forcés institutionnellement par l'État » (*idem, ibidem*) et les barrières juridiques, culturelles et sociales qui en découlent engendrent les contours d'une structure inégale du marché du travail.

Les données de l'Insee de 2014 indiquent un taux de chômage de 17,7 % pour les immigrants et de 10,2 % pour les natifs. Lorsque la variable 'genre' est prise en compte, l'écart se creuse : 16,7 % de femmes immigrantes sans emploi contre 9,6 % de femmes françaises (Insee, 2014a). Un autre facteur significatif est l'origine des immigrants. Les immigrants non communautaires occupent souvent des postes moins qualifiés en France ; on les retrouve davantage dans des secteurs spécifiques tels que les travaux publics, l'hôtellerie et la restauration, les services de nettoyage et de sécurité et les services personnels et domestiques. Avec plus de femmes dans les services à la personne et plus d'hommes dans les activités manuelles non qualifiées (Jolly *et al.*, 2012). La segmentation par activités productives est moins importante chez les immigrants issus de vagues migratoires plus anciennes (comme les Italiens, les Maghrébins et les Espagnols) que chez ceux des vagues migratoires plus récentes (Chinois, Turcs, Originaires d'Afrique subsaharienne) (Jolly *et al.*, 2012).

Les taux de chômage des immigrants tendent à diminuer selon le temps de permanence en France et l'acquisition de la nationalité (Jolly *et al.*, 2012). En dépit de l'effet positif de l'acquisition de la citoyenneté française, le pays possède un taux de nationalisation de 2,4 % - inférieur à la moyenne de 2,9 % de l'Union Européenne (Eurostat, 2015). Un rapport de l'OCDE (2015) indique que la migration irrégulière est une des questions principales de la politique migratoire française. Avec les changements de la législation à la fin de l'année 2012, le nombre d'individus régularisés par an est passé à 35 000, soit 34 % de plus que l'année précédente. Malgré tout, le nombre d'expulsions suit la tendance des années antérieures : en 2013, 21 000 personnes ont été expulsées du territoire français (OCDE, 2015).

Les inégalités apparaissent profondément pérennes dans le cas de la France. C'est en tout cas ce qui ressort de l'analyse de la situation et de la trajectoire scolaire des enfants d'immigrants. Selon une autre étude de l'Insee (2012b, p. 47), un jeune (entre 25 et 35 ans) de deuxième génération d'une famille immigrante a moins de chance d'obtenir un diplôme du second cycle de l'enseignement secondaire qu'un jeune issu d'une famille qui ne vient pas de l'immigration. Les inégalités demeurent dans la transition entre les études et le marché du travail. Des données de 2007 sur des jeunes ayant quitté l'école en 2004 indiquent que le taux de chômage des enfants d'immigrants était de 22 % alors que celui des natifs n'était que de 13 % (Insee, 2012b). Néanmoins, si les enfants d'immigrants venant du Sud de l'Europe affichaient un taux de chômage similaire à celui des Français, les afro-descendants étaient confrontés à un taux de 30 % (Insee, 2012b, p. 63). L'ensemble de ces données montre que les inégalités sur le marché du travail français sont marquées par une reproduction transgénérationnelle continue et ce malgré l'ancienneté de plusieurs vagues migratoires et l'effet d'assimilation positive.

3. Les migrants dans la zone grise du travail et de l'emploi : invisibilités et pluralités

Sur la base de ce qui vient d'être dit, nous proposons certains vecteurs d'invisibilité des inégalités et de pluralités qui touchent le travail migrant et le placent dans la zone grise du travail et de l'emploi. La fin de la norme fordiste du travail (sa fin en tant que norme, ce qui n'empêche pas l'existence de travaux pouvant être qualifiés de fordistes) oblige à réfléchir sur plusieurs formes et différenciations du travail et de l'emploi. Ces distinctions se situent à l'origine de l'« enchevêtrement » des frontières salariales et de la constitution d'une zone grise relative aux nouvelles relations de travail et d'emploi. Les formes différenciées de travail renvoient à ladite zone grise (Kesselman, Azaïs, 2011 ; Azaïs, 2014 ; 2015), constitutive des nouvelles relations de travail et d'emploi, qui exige autant la révision que la création de nouveaux concepts en sociologie du travail. Distant du seul paradigme du salariat, le travail se doit donc d'être traité comme une question sociale plus large.

Les réflexions sur la zone grise ne peuvent laisser de côté le travail migrant étant donné que la mobilité humaine internationale est une des voies interstitielles par lesquelles le travail se transforme. Il en émerge des rapports de/au travail et à l'emploi qui ont été peu pris en compte par la sociologie du travail. Une partie considérable des études de sociologie du travail est marquée par un lien entre le nationalisme méthodologique – *i.e.* la société coïncide avec l'État-nation qui comprend un peuple, un territoire et une culture – (Faist, 2010 ; Glick Schiller, 2013) et une conception du fordisme comme seule norme de travail significative.

Contrairement à la thèse qui affirme que l'objectif des immigrants est de se fixer dans un lieu de destination de manière permanente et de couper les liens avec les lieux d'origine, ils peuvent et très souvent réussissent à constituer et à transformer leurs vécus simultanément dans plus d'un État-nation (Faist, 2010 ; Glick Schiller, 2013) par l'intermédiaire de champs sociaux transnationaux, qui désignent des processus de développement et de maintien de réseaux de relations sociales à travers les frontières. Les vécus transnationaux attirent d'autant plus l'attention que pour Castles (2002) ils peuvent devenir les formes prédominantes du sentiment d'appartenance migrante. La mobilité élevée et la multilocalisation migrante, exprimée en mouvements pendulaires, circulaires, transfrontaliers et polyédriques, très souvent caractérisés par l'activité saisonnière et temporaire, rendent plus difficile l'étude des inégalités sur le marché du travail et représentent le premier vecteur d'invisibilité et de pluralité du travail migrant. Cela est dû à l'aspect statique et non longitudinal des institutions et des outils d'investigations disponibles sur le sujet, ainsi qu'à la dynamique interstitielle qui qualifie cette mobilité internationale élevée et ce mode de vie à travers les frontières.

L'existence et la croissance des champs sociaux transnationaux où interagissent les immigrants, les non immigrants, les organisations (locales, nationales et internationales) et les institutions des lieux d'origine et des lieux d'arrivée par le biais d'échanges économiques, politiques, affectifs et socioculturels (Glick Schiller, 2013 ; Levitt, 1998) ne signifie pas que nous vivons dans un monde sans frontières (Faist, 2010, p. 87). Un monde avec des frontières est un lieu où les États-nations cherchent à contrôler les frontières et la mobilité humaine avec des politiques fondées sur des normes de classification des différents flux migratoires en termes d'inhabilité et du degré correspondant de légalité et de légalisation (De Genova *et al.*, 2015). La production de l'illégalité immigrante advient du monopole étatique des moyens légitimes de mouvement (Torpey, 2006). Il s'agit d'un mécanisme qui produit simultanément une partie des inégalités et leur invisibilité. Le manque de données internationales sur l'illégalité immigrante ne facilite pas le débat autour de ses effets sur les inégalités. L'illégalité est un des mécanismes qui pousse les immigrants au travail informel et aux marchés illicites, à « une myriade de situations incertaines entre le légal et l'illégal » (Telles, 2012, p. 33). Quoi qu'il en soit, il faut reconnaître le lien entre l'exclusion juridique et l'exclusion sociale, comme le montre la continuité des inégalités pour les deuxièmes générations qui sont majoritairement nationalisées. Un autre mécanisme juridique de production et d'invisibilité simultanée d'inégalités est la non-reconnaissance de diplômes, de compétences et d'expériences professionnelles. En l'absence d'authentification légale de ces attributs et ressources, l'éventuelle inconsistance de statut, générée par le refus *de facto* des employeurs à reconnaître le mérite, tend à être occultée.

La convergence entre les mondes productifs et reproductifs des immigrants et de leurs familles est le troisième facteur important. Elle a lieu quand les frontières entre la vie et le travail disparaissent (Parreñas, 2014) ; par exemple, quand le travailleur habite sur son lieu de travail, comme les employées de maison « fixes », ou quand la maison est transformée en lieu de travail, comme certains ateliers familiaux de confection. Dans les deux cas, l'existence de travaux non rémunérés est rare et la protection des droits du travail faible ou absente (Guimarães *et al.*, 2011, p. 157), ce qui aboutit parfois à des situations analogues au travail esclave.

La rencontre entre les mondes productifs et reproductifs peut aussi se faire quand la mobilité internationale se transforme en stratégie de reproduction sociale sur le lieu d'origine. C'est ce qui se passe pour une grande partie des familles transnationales. Les membres de ces familles vivent certains moments ou la plupart du temps séparés, mais ils restent cependant ensemble et créent une sensation de bien-être et d'unité collective au-delà des frontières nationales (Bryceson, Vuorela, 2002, p. 3). Beaucoup de femmes et d'hommes se séparent géographiquement de leurs familles pour garantir la reproduction sociale familiale. Il s'établit ainsi un type d'économie morale qui représente un dessein quotidien et permanent d'association de droits partiels, de statuts sociaux instables, de responsabilités et d'obligations familiales multilocalisées (Faist, 2009 ; Baldassar, Merla, 2014). Ces configurations émergentes des mondes productifs et reproductifs des immigrants sont très distantes de la conception de la famille que supposait la norme fordiste de travail.

Les espaces transnationaux sont des lieux significatifs pour identifier les formes d'inégalités professionnelles qui sont généralement ignorées. À l'échelle transnationale, les « grandes » et les « petites » inégalités peuvent se croiser (Faist, 2009), comme dans le cas des chaînes globales d'aide à la personne. Un exemple classique est une fille majeure d'une famille pauvre d'un pays du Sud global qui s'occupe de ses frères et sœurs pendant que sa mère s'occupe des enfants d'une immigrante, elle-même partie travailler comme aide à la personne dans un pays du Nord global (où il y a généralement une grande demande dans ce secteur). Dans ces chaînes, chaque travailleuse dépend de l'autre et développe une relation inégale de caractère matériel et non matériel, où le travail est ou non rémunéré (Hochschild, 2000, p. 33). Les chaînes globales d'aide à la personne représentent une intersection entre les différentiels salariaux des marchés de travail d'origine et de destination et d'autres inégalités qui peuvent être de nature générationnelle, ethno-raciale et de genre.

Par conséquent, les vecteurs d'invisibilité des inégalités et de pluralités du rapport du/au travail sont au nombre de trois : la transnationalisation et la mobilité élevée ; l'illégalité immigrante ; la superposition entre les mondes productifs et reproductifs. La présence et les dynamiques de chacun de ces axes dans les réalités empiriques présentées sont différenciées et particulières, liées aux contrastes entre ces contextes nationaux.

Considérations finales

La mobilité humaine internationale doit être traitée comme un *fait social total* au vu de la multiplicité et de la complexité de ses configurations, de ses déterminations et de ses conséquences. Il y a des espaces de superposition, des espaces interstitiels et d'invisibilités dans la réalité empirique et dans l'analyse conceptuelle disponible. Les thèmes dominants semblent être la mobilité, la transnationalité, la pluralité, la fluidité et l'incertitude.

Le bref panorama des inégalités qui touchent le travail migrant au Brésil, au Canada et en France nous permet de distinguer certains aspects communs aux trois pays : a/ l'intersectionnalité de l'origine nationale et d'autres vecteurs d'inégalité comme le genre, l'origine ethnique, la couleur de la peau, l'âge et la génération ; b/ la reproduction intergénérationnelle des inégalités ainsi que l'importance de l'effet assimilateur, qui associe l'amélioration de la situation des immigrants sur les marchés de travail au temps de permanence ; c/ l'importance des modèles d'intégration sociale et les normes juridiques, culturelles, économiques, sociales et politiques qui en découlent.

Au-delà de la valeur du contexte décrit et des indicateurs mobilisés, il ne faut pas oublier qu'il existe des vecteurs d'invisibilité et de pluralisme qui traversent le travail migrant et ne sont pas auto-évidents. Nous avons présenté certains axes fondamentaux de l'invisibilité des inégalités et de la pluralité du travail migrant : la mobilité élevée, la transnationalité et la multilocalisation du fait migratoire contemporain ; la production étatique de l'illégalité immigrante et la convergence entre les mondes productifs et reproductifs. Même s'il ne s'agit que d'une ébauche d'identification, elle permet un nouveau regard sur les données présentées et situe le travail migrant dans la zone grise du travail et de l'emploi.

La zone grise du travail et de l'emploi est une zone d'invisibilité mais aussi de créativité au sens d'« inventer » et d'apprendre à vivre dans des situations incertaines, mobiles et mouvantes. La relation entre migration et travail est emblématique de cette zone lacunaire sur le plan institutionnel parce qu'elle fait la lumière sur l'insuffisance des paramètres traditionnels pour l'analyse des inégalités et des pluralités qui marquent cette relation. Le monde du travail et le phénomène des migrations tissent de nouvelles toiles de relations sociales, brouillent les frontières, les réseaux de travail et de prise en charge, les façons de travailler, de vivre, de construire une famille. Le travail migrant est paradigmatique de la zone grise du travail.

Bibliographie

Audebert Cédric, Doraï Mohamed Kamel, 2010, « International migration in the era of globalisation : recent issues and new concerns for research », *in* Audebert Cédric, Doraï Mohamed Kamel (dir.), *Migration in a Globalized World : New Research Issues and Prospects*, Amsterdam, Amsterdam University Press, p. 7-20.

Azaïs Christian, 2015, « Le brouillage des frontières de la société salariale dans les Amériques et au-delà : une lecture des transformations du travail dans un globalising world », revue *on line IdeAs*, n° 5 (Printemps/Été) [En ligne], URL : https://ideas.revues.org/872.

Azaïs Christian, 2014, « Normes d'emploi, hybridation et zone grise chez les pilotes d'hélicoptère au Brésil : les enjeux de la globalisation ». *Revue Tiers Monde*, vol. 2, n° 218, p. 53-70.

Baeninger Rosana (dir.), 2012, *Imigração Boliviana no Brasil*, Campinas, Nepo/ Unicamp.

Baldassar Loretta, Merla Laura (dir.), 2014, *Transnational Families, Migration and the Circulation of Care : Understanding Mobility and Absence in Family Life*, New York, Routledge.

Brasil, 1980, *Estatuto do estrangeiro. Lei No. 6815 de 19 de Agosto de 1980*.

Brasil, 2009a, *Acordo sobre Residência para Nacionais dos Estados Partes do Mercosul, Bolívia e Chile. Promulgado pelo Decreto No. 6975 de 7 de outubro de 2009*.

Brasil, 2009b, *Lei de Anistia Migratória. Lei No. 11.961 de 2 de julho de 2009*.

Brasil, 2012, Ministério do Trabalho e Emprego. *Resolução Normativa n° 97 de 12 de Janeiro de 2012*

Brasil, 2014, Ministério do Trabalho e Emprego. *Relação Anual de Informações Sociais (RAIS) 2010-2014*.

Bryceson Deborah Fahy, Vuorela Ulla, (dir.), 2002, *The Transnational Family : New European Frontiers and Global Networks*, Oxford, Berg.

Carvalho José Alberto Magno de, Campos Marden Barbosa de, 2006, « A variação do saldo migratório internacional do Brasil », *Estudos Avançados*, vol. 20, n° 57, p. 55-58.

Castellanos Patricia Cortés, 2005, *Mujeres Migrantes de América Latina y el Caribe : Derechos Humanos, Mitos y Duras Realidades*, Santiago, Cepal-Celade.

Castles Stephen, 2002, « Migration and Community Formation under Conditions of Globalization », *International Migration Review*, vol. 36, n° 4, p. 1143-1168.

Castles Stephen, 2004, « Why Migration Policies Fail ? », *Ethnic and Racial Studies*, vol. 27, n° 2, p. 205-227.

Castles Stephen, Miller Mark J, 2009, *The Age of Migration : International Population Movements in the Modern World* (4ᵉ éd.), New York, The Guilford Press.

Cavalcanti Leonardo, 2015, « À Guisa de Conclusão : Características Gerais, Desafios e Oportunidades da Imigração no Brasil », *in* Cavalcanti Leonardo, Oliveira Antônio Tadeu Ribeiro de, Tonhati Tânia (dir.), *A inserção dos imigrantes no mercado de trabalho brasileiro. Relatório Anual – 2015,* Brasília, Observatório das Migrações Internacionais, p. 139-145.

Coleman David, 2008, « The demographic effects of international migration in Europe », *Oxford Review of Economic Policy*, vol. 24, n° 3, p. 452-476.

De Genova Nicholas, Mezzadra Sandro, Pickles John, (dir.), 2015, « New Keywords : Migration and Borders », *Cultural Studies*, vol. 29, n° 1, p. 55-87.

Docquier Frédéric, Ozden Çağlar, Peri Giovanni, 2014, « The Labour Market Effects of Immigration and Emigration in OECD Countries », *The Economic Journal*, vol. 124, n° 579, p. 1106-1145.

Dutra Delia, 2015. « Os imigrantes no mercado de trabalho formal : perfil geral na série 2010-2014, a partir dos dados da RAIS », *in* Cavalcanti Leonardo, Oliveira Antônio Tadeu Ribeiro de, Tonhati Tânia (dir.), *A inserção dos imigrantes no mercado de trabalho brasileiro. Relatório Anual – 2015,* Brasília, Observatório das Migrações Internacionais, p. 59-76.

EUROSTAT, Office de Statistique de l'Union Européenne, 2015. *Migration and migrant population statistics : tables and figures* [En ligne], URL : http://ec.europa.eu/eurostat/statistics-explained/images/5/5a/Migration_and_migrant_population_statistics_YB2015.xls, consulté le 8 mai 2016,.

Faist Thomas, 2009, « The Transnational Social Question Social Rights and Citizenship in a Global Context », *International Sociology*, vol. 24, n° 1, p. 7-35.

Faist Thomas, 2010, « Transnationalization : Its Conceptual and Empirical Relevance », *in* Audebert Cédric, Doraï Mohamed Kamel (dir.), *Migration in a Globalized World : New Research Issues and Prospects*, Amsterdam, Amsterdam University Press, p. 79-108.

Fernandes Florestan, 2008, *A integração do negro na sociedade de classes*, São Paulo, Globo.

Freire da Silva Carlos, 2009, « Precisa-se : bolivianos na indústria de confecções em São Paulo », *Travessia*, vol. XXII, n° 63, p. 5-11.

Gallagher Stephen, 2009, « The creation of a global suburb and its impact on Canadian national unity », *in* Grubel Herb (dir.), *The effects of Mass Immigration on Canadian Living Standards and Society*, Vancouver, Fraser Institute, p. 171-196.

Glick Schiller Nina, 2013, « The Transnational Migration Paradigm », *in* Halm Durk, Segin Zeynep (dir.), *Migration and Organized Civil Society : Rethinking National Policy*, New York, Routledge, p. 25-39.

Grubel Herb, 2009, « Recent immigration and Canadian living standards », *in* Grubel Herb (dir.), *The effects of Mass Immigration on Canadian Living Standards and Society*, Vancouver, Fraser Institute, p. 97-117.

Guimarães Nadya Araujo, Hirata Helena Sumiko, Sugita Kurumi, 2011, « Cuidado e Cuidadoras : O Trabalho de Care no Brasil, França e Japão », *Sociologia & Antropologia*, vol. 1, n° 1, p. 151-180.

Hochschild Arlie Russell, 2000, « Global care chains and emotional surplus value », *in* Giddens Anthony, Hutton Will (dir.), *On the edge : living with global capitalism*, London, Jonathan Cape, p. 130-146.

IBGE, 2013, PNAD - Pesquisa Nacional por Amostra de Domicílios [En ligne], URL : ftp ://ftp.ibge.gov.br/Trabalho_e_Rendimento/Pesquisa_Nacional_por_Amostra_de_Domicilios_anual/microdados/2013/, consulté le 4 mai 2016.

INSEE, Institut national de la statistique et des études économiques, 2012a, IRecensements de Population [En ligne], URL : http://www.insee.fr/fr/themes/tableau.asp?reg_id=0&ref_id=immigrespaysnais, consulté le 4 mai 2016.

INSEE, Institut national de la statistique et des études économiques, 2012b, Immigrés et descendants d'immigrés en France. *Insee Références.*

INSEE, Institut national de la statistique et des études économiques, Nombre de chômeurs et taux de chômage des immigrés et des non-immigrés selon le sexe et l'âge en 2014 [En ligne], URL : http://www.insee.fr/fr/themes/tableau.asp?reg_id=0&ref_id=NATnon03346, consulté le 12 février 2016.

INSEE, Institut national de la statistique et des études économiques, 2014b, Tableau T37 quater – Nés vivants selon le pays de naissance des parents, 2014 [En ligne], URL : http://www.insee.fr/fr/ppp/bases-de-donnees/irweb/irsocsd20131/dd/excel/irsocsd20131_t37quater.xls, consulté le 12 février 2016.

Jolly Cécile, Lainé Frédéric, Breem Yves, 2012. *L'emploi et les métiers des immigrés* (n° 2012-01) [En ligne], URL : http://archives.strategie.gouv.fr/cas/system/files/2012-03-13-emploietimmigration-dt.pdf, consulté le 3 mai 2016.

Kesselmann Donna, Azaïs Christian, 2011, *Les zones grises d'emploi : vers un nouveau concept dans la comparaison internationale du travail ? L'exemple des Etats Unis et de la France* [En ligne], URL : http://metices.ulb.ac.be/IMG/pdf/KESSELMAN-AZAIS.pdf, consulté le 4 mai 2016.

Lafleur Jean-Michel, 2005, *Le transnationalisme politique. Pouvoir des communautés immigrées dans leurs pays d'accueil et pays d'origine*, Louvain-la-Neuve, Editions Academia.

Levitt Peggy, 1998, « Social Remittances : Migration Driven Local-Level Forms of Cultural Diffusion », *International Migration Review*, vol. 32, n° 4, p. 926-948.

Lochak Danièle, 2006, « L'intégration comme injonction. Enjeux idéologiques et politiques liés à l'immigration », *Cultures & Conflits*, n° 64, p. 131-147.

Mazzucato Valentina, Schans Djamila, 2011, « Transnational Families and the Well-Being of Children : Conceptual and Methodological Challenges », *Journal of Marriage and the Family*, vol. 73, n° 4, p. 704-712.

Monsma Karl, 2010, « Vantagens de imigrantes desvantagens de negros : emprego, propriedade, estrutura familiar e alfabetização depois da abolição do Oeste paulista », *Dados – Revista de Ciências Sociais*, vol. 53, n° 3, p. 509-543.

Nations Unies, 2013, *International Migration Report 2013.*

Nyers Peter, Rygiel Kim, 2012, « Citizenship, migrant activism and the politics of movement », *in* Nyers Peter, Rygiel Kim, (dir.) *Citizenship, Migrant Activism and the Politics of Movement*, London, Routledge, p. 1-19.

OCDE, Organisation de Coopération et de Développement Économiques, 2011, *Migration Outlook : SOPEMI 2011.* Paris : OECD Publishing.

OCDE, Organisation de Coopération et de Développement Économiques, 2015, *International Migration Outlook : SOPEMI 2015*, Paris, OECD Publishing.

Parella Sònia, 2012, « Familia Transnacional y Redefinición de los Roles de Género. El Caso de la Migración Boliviana en España », *Papers*, vol. 9, n° 3, p. 661-684.

Parreñas Rhacel, 2005, *Children of Global Migration : Transnational Families and Gender Woes.* Stanford : Stanford University.

Parreñas Rhacel, 2014, « Migrant Domestic Workers as 'One of the Family' », *in* Anderson Bridget, Shutes Isabel (dir.), *Migration and Care Labour Theory, Policy and Politics*, p. 49-66. London, Palgrave.

Reitz Jeffrey, 2007, « Immigrant employment success in Canada, part I : individual and contextual causes », *Journal of International Migration and Integration*, 8(1), 11-36.

Reitz Jeffrey, 2012, « The distinctiveness of Canadian immigration », *Patterns of Prejudice*, vol. 46, n°5, p. 518-538.

Safi Mirna, 2014, « Une refondation manquée. Les politiques d'immigration et d'intégration en France », *La Vie des idées* [En ligne], URL : http://www.laviedesidees.fr/Une-refondation-manquee.html, consulté en mai 2016.

Santos José Alcides Figueiredo, 2009, « A interação estrutural entre a desigualdade de raça e de gênero no Brasil », *Revista Brasileira de Ciências Sociais*, vol. *2*, n° 70, p. 37-60.

Santos Yumi Garcia, 2012, « Relatos singulares, experiências compartilhadas : mulheres chefes de família no Brasil, na França e no Japão sob o prisma da raça/etnia/nacionalidade, classe e idade », *Estudos de Sociologia*, vol. 17, n° 32, p. 169-187.

Sassen Saskia, 1998, *Globalization and Its Discontents. Essays on the New Mobility of People and Money*, New York, New Press.

Silva Sidney Antonio da, 2006, « Bolivianos em São Paulo : Entre o Sonho e a Realidade ». *Estudos Avançados*, vol. *20*, n° 57, p. 157-170.

Smith Michael Peter, Guarnizo Luís Eduardo (dir.), 1998, *Transnationalism From Below*, New Brunswick, Transaction Publishers.

Smith Robert, 2001, « Transnational Public Spheres and Changing Practices of Citizenship, Membership and Nation : Comparative Insights from the Mexican and Italian Cases », *in Conference on Transnational Migration (Princeton)* [En ligne], URL : http://www.transcomm.ox.ac.uk/working papers/WPTC-01-23 Smith.pdf, consulté le 3 mai 2016.

Solé Carlota, Cachón Lorenzo, 2006, « Globalización e Inmigración : Los Debates Actuales », *REIS*, n°116, p. 13-52.

Souza, Jessé, 2005, « Raça ou classe ? Sobre a desigualdade brasileira », *Lua Nova*, n° 65, p. 43-69.

Statistics Canada, 2011, *National Household Survey 2011* [En ligne], URL : http://www.statcan.gc.ca/cgi-bin/IPS/display?cat_num=99-010-X2011026, consulté à l'adresse en mai 2016.

Statistics Canada, 2012, *The Canadian Immigrant Labour Market from 2008 to 2011* [En ligne], URL : http://www.statcan.gc.ca/pub/71-606-x/71-606-x2012006-eng.pdf, consulté le 2 mai 2016.

Telles Vera da Silva, 2012, « Jogos de poder nas dobras do legal e do ilegal : anotações de um percurso de pesquisa », *in* Azaïs Christian, Kessler Gabriel, Telles Vera da Silva (dir.), *Ilegalismos, cidade e política*, Belo Horizonte, Fino Traço, p. 27-55.

Torpey John, 2006, « Yendo y viniendo. La monopolización estatal de los legítimos medios de movimiento », *Zona Abierta*, n° 116-117, p. 59-88.

Tribalat Michèle, 2015, « Une estimation des populations d'origine étrangère en France en 2011 », *Espace Populations Sociétés*, n° 1-2, p. 1-26, en ligne, consulté le 3 mai 2016, http://eps.revues.org/6073.

Vilela Elaine Meire, 2011, « Desigualdade e discriminação de imigrantes internacionais no mercado de trabalho brasileiro », *Dados – Revista de Ciências Sociais*, vol. 54, n° 1, p. 89-129.

Vilela Elaine Meire, Colares Ana Cristina Murta, Noronha Cláudia Lima Ayer, 2015, « Migrações e trabalho no Brasil. Fatores étnico-nacionais e raciais », *Revista Brasileira de Ciências Sociais*, vol. 30, n° 87, p. 19-43.

Wenden, Catherine Wihtol de, 2013, *La question migratoire au XXIe siècle. Migrants, réfugiés et relations internationals*, Paris, Presses de Sciences Po.

World Bank, 2015, *Migration and Remittances : Factbook, 2016*, Washington, International Bank for Reconstruction and Development et The World Bank.

Formes hybrides de négociation

Le renouvellement des conduites, des dispositifs et des normes parmi les entreprises brésiliennes[1]

Paola CAPPELLIN

Professeure de sociologie, Amorj (Arquivo de memória operária),
UFRJ (Université fédérale de Rio de Janeiro), cappellin@uol.com.br

Introduction

Au début du XXIe siècle, la divulgation de codes de conduite, les labels sociaux et l'audit social se sont accrus (Barraud de Lagerie, 2012). Il s'agit d'initiatives à caractère « hybride », puisqu'elles s'éloignent du parcours de la négociation collective[2]. La littérature internationale les considère comme des modalités de l'expression *soft law,* car elles s'appuient sur des procédés dont la nature est explicitement non obligatoire, non contraignante, peu soumises à des pénalités, sans exigence de réparation (Delfino, 2002). Dans cette optique, nous pouvons les percevoir comme des espaces de relations sociales – des « zones grises » – qui cachent l'existence de conflits directs de régulation, où les effets juridiques sont atténués et remplacés par des accords indirects. Comment interviennent-elles dans le domaine des relations industrielles ? Il convient de repenser le rôle des entreprises qui affecte les rapports de force capital-travail. Après les années 1970, cette question a été introduite dans différentes

---

[1] Cet article a été présenté dans sa première version lors du séminaire « Normes d'emploi et situations de travail face aux régulations marchandes et politiques : la globalisation vue du Nord et vue du Sud », le 20 septembre 2013, organisé par le Programme de post-graduation en Droit de l'Université fédérale du Paraná (UFPR), Centre de droit comparé et de la citoyenneté, et coordonné par le réseau ZOGRIS, Université Paris-Dauphine, U-PEC - Créteil, CNAM-LISE (Paris), 2010-2014. Texte traduit par Madame Dominique Udron, frances_ud@yahoo.com.br.

[2] Les sanctions légales se distribuent au long d'une chaîne de relations : l'action, l'infraction, la réprobation et, finalement, son jugement.

perspectives (Hirschman, 1970 ; Sainsaulieu, Segrestin, 1986 ; Gallino, 2005). L'idée d'entreprise proactive, de « réhabilitation de l'entreprise dans le système social », (Borzeix, 1986, p. 4) est encouragée lorsque la capacité des emplois à offrir des garanties à ceux qui travaillent se fragilise. Interpeller les entreprises en leur qualité d'employeurs répond à l'exigence de réduire leurs omissions et de surmonter leur défaillance dans la participation à la régulation sociale. Cardoso (2003) fait d'ailleurs explicitement référence à la poursuite de délégitimation de la norme du travail.

On parle aujourd'hui du pluralisme des recours et des sources en droit du travail en raison du marché international, ce qui rend plus complexes les parcours d'accords, de pactes, de négociations capital-travail (Valdés Dal-Ré, 2014). Dans les recommandations et les directives, dans les labels de qualité, les codes de conduite, la conviction que les modalités d'autorégulation peuvent atteindre l'efficacité grâce à de nouveaux mécanismes – la persuasion et l'émulation – est implicite (Distefano, 2003). Cette nouvelle vague de diffusion de formes de la *soft law* accompagne le remplacement des paradigmes organisationnels qu'a entraîné la crise systémique du système fordiste (D'Antona, 1998). Non seulement la mondialisation modifie les conditions de production, mais elle favorise également les déséquilibres entre économie et politique (Perulli, 2006 ; 1999). Ainsi, tout indique que si les législations nationales sont déjà en train de s'épuiser, l'époque de la législation mondiale n'a pas complètement débuté. Aussi, peut-on se demander comment concilier la sphère de l'économie mondiale avec la recherche de la ratification des droits sociaux (Carrieri, 2011). Des chercheurs européens (Distefano, 2003 ; Valdés Dal-Ré, 2005) fournissent des références importantes pour comprendre l'expansion de la *soft law* dans le domaine du droit du travail. Pour le juriste Valdés Dal-Ré (2005), le droit du travail, timidement dans les années 1970, plus ouvertement et systématiquement dans les années 1990, est colonisé par un certain nombre d'actes très hétérogènes dans leur origine, leur formalisation, leur contenu et leur nature, dont le dénominateur commun est l'absence d'effets juridiques contraignants. En ce sens, notre objectif plus général est de mettre en évidence les mécanismes qui organisent les dispositifs et les normes sociales qui guident les entreprises/employeurs à respecter et appliquer les droits acquis.

1. Une mondialisation pour les droits et non seulement une mondialisation pour les marchés[3]

Comment caractériser les formes hybrides de médiation au Brésil au début du XXIe siècle ? Comment les organisations syndicales influencent-elles l'élaboration de ces nouvelles normes de protection des travailleurs ? Des initiatives variées au Brésil : lutte contre l'esclavage moderne et le travail des enfants, philanthropie, investissements liés à la responsabilité sociale des entreprises ont débuté dans les années 1990. Nous formulons l'hypothèse que la stratégie de responsabilité sociale cherchait à camoufler, en partie, les conséquences sociales des pratiques commerciales de précarisation des relations d'emploi (Cappellin, Giuliani, 2004 ; Cappellin, Giffoni, 2007). Dans les années suivantes (2003-2014) au cours des mandats des présidents Lula da Silva et Dilma Rousseff, les stratégies se sont étendues : la concession de labels aux entreprises est une incitation visant à encourager une meilleure qualité des relations de travail. Ces initiatives peuvent être classées parmi les modalités de *soft law*.

De l'irresponsabilité à la responsabilité ?

1.1. L'introduction du programme « Pro-équité de genre »

Au Sud et au Nord, la fragilité des emplois ouverts aux femmes et les frontières persistantes de la ségrégation professionnelle entre les sexes, même si elles sont changeantes, poussent les syndicats – en collaboration avec les groupes et les associations féministes – à demander des interventions pour supprimer, corriger et prévenir les discriminations sur les lieux de travail. Au Brésil, les demandes allant dans ce sens ont reçu une attention particulière de la part des instances publiques locales et des États de la Fédération, avant que le gouvernement fédéral n'assume la tâche de promouvoir des politiques ou de soutenir des projets anti-discriminatoires sur le marché du travail. Les demandes provenant de différents milieux syndicaux sont différenciées et ces projets, inspirés par la Constitution de 1988, font pression sur les entreprises pour qu'elles corrigent leur comportement, afin de parvenir à l'égalité des chances. Toutefois, les efforts se concentrent pour transformer le principe d'équité en norme sociale dans les organisations, à appliquer à l'embauche et dans la gestion de la main-d'œuvre. Les requêtes des syndicats envers les grandes entreprises ont porté prioritairement sur les préjugés qui interviennent traditionnellement dans

---

[3]   Rodotà, 2012.

le choix de parcours de sélection, de formation et de requalification. Il en est de même de la modernisation des critères d'attribution des promotions, situations où l'utilisation de critères subjectifs sexistes par la direction des ressources humaines est récurrente. En effet, parvenir à l'égalité des chances et surmonter les discriminations entre les hommes et les femmes et entre les travailleurs blancs et noirs, résulte d'une alchimie complexe dans laquelle le volontarisme et la planification ne parviennent pas toujours à aboutir à des changements permanents et quantifiables.

Il est rare que les corrections des entreprises touchent les politiques de rémunération et les critères pour unifier la définition des carrières entre les hommes et les femmes. Pour justifier son refus, la direction de l'entreprise a souvent recours à l'affirmation selon laquelle la méthode d'évaluation adoptée est fondée sur le rendement effectif, quel que soit le sexe des travailleurs, les promotions s'ajusteraient seulement sur les mérites et seraient donc exemptes de disparités ou de ségrégations horizontales ou verticales entre les sexes. Cependant, la littérature internationale qui incite à l'activation de « bonnes pratiques » (appelées dans ce cas actions positives) souligne que le succès des politiques d'égalité des chances dépend de la volonté politique de la direction d'ouvrir ses portes pour identifier les normes formelles et informelles préjudiciables à l'équilibre entre les sexes dans le recrutement et la gestion de la main-d'œuvre. Autrement dit, il dépend largement de la perméabilité des organisations elles-mêmes à l'équité (Delgado *et al.*, 2000).

1.1.1. Discours, actions et pratiques

Au Brésil, la valeur de l'égalité de traitement est incorporée par les agences de l'État en tant que principe, partie intégrante des droits et devoirs constitutionnels soutenue par les lois de la CLT (*Consolidação das Leis do Trabalho* : Consolidation des lois du travail) et la ratification par le gouvernement brésilien de diverses conventions de l'Organisation international du travail (Alexim *et al.,* 2005). Corriger les discriminations de genre découle de la pression continue de la société civile organisée auprès de l'État. Ainsi, la voix des mouvements de femmes – conscientes de l'attitude atavique du milieu de l'entreprise consistant à reproduire la discrimination salariale entre les hommes et les femmes et maintenir des perspectives réduites pour la carrière des femmes – s'allie à celle des organisations syndicales, pour revendiquer auprès de l'État l'introduction de programmes en faveur de l'égalité de traitement sur les lieux de travail.

Au début des années 1990, des groupes de travailleuses mobilisées dans un double militantisme, féministe et syndical, a réussi à élaborer une série de dénonciations : le sexisme résultant de la disparité de traitement, l'écart salarial entre les hommes blancs et les femmes noires, en attirant également l'attention des autorités sur les formes indirectes qui entravent les parcours de carrière professionnelle des femmes travailleuses. Le plafond de verre, le travail précaire et instable, ajouté à des emplois sans garanties, sous-qualifiés, dans un contexte de taux élevé de chômage féminin accompagnent des indicateurs relatifs à un taux élevé de scolarisation chez les femmes (Cappellin, 2010).

En 1992, les trois confédérations syndicales brésiliennes (CUT, CGT et Força Sindical) déposent auprès de la Conférence internationale du travail de l'OIT (Organisation internationale du travail) une plainte dénonçant le non-respect par le Brésil de la Convention n° 111, « sur la base de données sur le marché du travail, qui indiquent des différences de rémunération entre les hommes et les femmes et entre les Blancs et les Noirs » (CEDAW, 2002, p. 158). En 1995, le gouvernement fédéral reconnaît officiellement sa responsabilité. Il s'agit de la première réponse de l'État brésilien cherchant à réagir à cette plainte. La même année, le gouvernement, soucieux de remédier à cette situation, élabore le premier programme de lutte contre les discriminations au travail et dans la profession. Face aux initiatives existant en Amérique latine, ce n'est qu'en 2004 que le Brésil inaugure au Ministère du travail et de l'emploi la première Commission tripartite pour l'égalité des chances et de traitement entre les sexes et entre races au travail. Cependant, dès 1995, la confédération syndicale Centrale unique des travailleurs (CUT) avait lancé le premier programme d'action « Citoyenneté, égalité des chances dans la vie, au travail et dans le mouvement syndical ». Peu après, d'autres initiatives avaient agité la scène syndicale. Le Congrès de la Confédération nationale des personnels bancaires (CNB-CUT) introduit la question de l'égalité comme l'un de ses axes de débat lors de la campagne de négociations salariales en 1999. Du fait de son haut niveau de syndicalisation et de mobilisation, cette catégorie décide ses campagnes de négociations salariales de manière unifiée, dépassant ainsi dans la pratique les propres limites du droit du travail. En 2000, le thème de l'égalité des chances est à nouveau inclus dans la campagne de négociations salariales, avec l'élaboration d'une clause dans la convention collective qui ouvre un espace de négociation avec les instances dirigeantes représentées par la Fédération nationale des banques (Fenaban). Lors du processus de négociation, la Fenaban affirme ne pas connaître les données de la discrimination et défie les syndicats de les prouver. En 2001, la Confédération nationale des personnels bancaires réalise alors l'enquête « Le visage des employés de banque – Cartographie de genre et de race dans le secteur bancaire brésilien », avec le Département intersyndical de statistiques et d'études socio-économiques (DIEESE). Après de nombreux débats avec les directions des banques, c'est lors des négociations 2001/2002 qu'est introduite pour la première fois dans une convention collective la clause cinquante-deuxième – Égalité des chances de genre et race. Les parties conviennent entre elles de créer la Commission bipartite qui développera des campagnes de sensibilisation et d'orientation des salariés, des gestionnaires et des employeurs, afin de prévenir d'éventuelles distorsions qui conduisent à des actes et des attitudes discriminatoires dans le milieu de travail et dans la société en général.

En outre, le réseau intersyndical de l'Observatoire social[4] met en place en 2003 une méthodologie pour la surveillance des entreprises multinationales, en suivant comme lignes directrices, entre autres, les conventions de l'OIT n° 100 (égalité de rémunération) et n° 111 (lutte contre la discrimination) et en incluant la coopération des syndicats locaux, l'assistance de centres universitaires et les Organisation(s) non gouvernementale(s). Les résultats des évaluations par entreprise démontrent l'existence d'un écart de traitement entre les travailleurs et les travailleuses (blancs et noirs), et sont transmis à la direction du siège des entreprises (Pays-Bas, Allemagne, USA, Italie, entre autres) afin de souligner la nécessité d'ajustements internes dans leurs politiques de l'emploi. Ces résultats se transforment en dénonciation de négligence de la part des services de directions. En réponse, les entreprises ajustent leur rhétorique. On ne justifie pas l'écart de traitement par le coût résultant d'une grossesse éventuelle des travailleuses (Abramo, 2005), mais on défend la sélectivité à l'embauche et l'exclusion fréquente des femmes pour une série d'autres raisons : du fait de leur moindre capacité de mobilité géographique, d'un environnement de travail très masculinisé qui rendrait difficile leur insertion rapide, de l'existence de comportements et d'attitudes hostiles des clients, de l'insécurité de l'environnement liée à l'emplacement des usines ou de la résistance des travailleurs hommes (Cappellin *et al.*, 2002).

1.1.2. Un point de vue pour mettre en œuvre l'équité

Le programme « Pro-équité de genre : égalité des chances, respect des différences » est lancé en 2006 comme programme national du Secrétariat aux politiques pour les femmes (SPM) et présenté comme parcours

---

[4]   Institut de l'Observatoire social [En ligne], URL : http://www.observatoriosocial.org. br, consulté le 10 décembre 2014.

volontaire de responsabilité sociale pour les entreprises d'État[5]. Après différentes réunions, cette instance ministérielle inaugure la première initiative nationale du gouvernement visant à interpeller les entreprises (Cappellin, 2008). Ce programme vise à sensibiliser et à encourager les comportements de conformité (*compliance*) des entreprises à adhérer et faire preuve de capacité d'adaptation (Edelman, 1992 ; Edelman, Talesh, 2011). Autrement dit, les entreprises, en tant qu'organisations, doivent s'engager directement pour découvrir s'il existe au sein de leur organisation une reproduction de discriminations directes et indirectes, sachant qu'il existe déjà un ensemble de normes et de procédures légales qui ne réussissent pas à les discipliner. Le but est d'encourager les entreprises à s'autoévaluer pour trouver des moyens de promouvoir l'égalité des chances dans les carrières, les rémunérations, l'accès aux formations et l'amélioration de la sécurité sur les lieux de travail. L'inscription volontaire des entreprises d'État auprès de la coordination du programme au Secrétariat aux politiques pour les femmes (SPM) s'effectue à travers la signature d'un engagement par la direction générale de l'entreprise. Elle est suivie par la préparation discrétionnaire d'un plan d'intervention visant à modifier certains indicateurs de disparité entre les sexes dans deux domaines spécifiques : la gestion du personnel et ses actions liées à la culture organisationnelle. L'entreprise fixe dans ce plan ses échéances, les cibles et les objectifs à atteindre.

L'entreprise enregistre son itinéraire annuel pour l'application du plan et ses résultats dans un rapport qui est soumis à l'évaluation du SPM. Après cette phase, les Organisation(s) non gouvernementale(s) et les spécialistes appartenant aux Centres d'études sur le genre des Universités fédérales sont mandatés pour effectuer localement un suivi. L'entreprise qui réalise au moins 80 % des objectifs et des étapes préfixées concourt au label de reconnaissance, valable pour l'année d'inscription au programme. Lors de la première année, en 2006, sur les 16 entreprises d'État inscrites, 11 atteignent les objectifs avec des résultats tangibles et reçoivent le label de reconnaissance.

Ce premier programme national brésilien en faveur de la diffusion de l'égalité des chances sur le marché du travail peut être vu comme une incitation à l'autoréglementation par les entreprises, un parcours de *soft law*. D'abord, parce qu'il abandonne le lien juridique de la sanction comme règle/principe dans le contrôle de tout manquement à la législation en faveur de l'égalité de traitement et l'égalité des chances.

---

[5]   Pendant la dictature militaire (1964-1985), de nombreuses entreprises d'État ont été gérées pour et par les hommes.

Ensuite, parce qu'en abandonnant l'autorité des normes juridiques, il permet que l'entreprise/employeur choisisse de façon discrétionnaire ses objectifs, sélectionne sa propre stratégie, choisisse certains domaines pour ajuster son comportement et organise sa méthodologie pour réussir à notifier les résultats sans avoir comme paramètre les droits du travail. Cette liberté d'action des entreprises intervient après plusieurs réformes internes dans les entreprises d'État (Banco do Brasil, Furnas, Caixa Econômica, Petrobrás, Eletrosul-S.A., entre autres) dans les années 1990/2000, qui ont renforcé la culture de la « déréglementation » en leur épargnant de répondre aux demandes syndicales. Ainsi, depuis 1994, de nombreuses travailleuses entrent dans les entreprises d'État, mais avec des conditions, des niveaux de rémunération et un cadre de protection et d'assistance flexibilisés.

1.1.3. Limites et défis

Certaines limites démarquent le contexte promoteur du SPM, en interpellant les entreprises. Le programme ministériel invite les entreprises publiques à répondre à un engagement pour l'équité entre les sexes. Mais malgré le silence et la résistance d'un grand nombre à répondre à cette sollicitation volontaire surgissent, quoique rares, des cas de réponses vertueuses. Le nombre réduit d'adhésions au programme aide aussi à percevoir les difficultés qu'ont les organisations à répondre aux exigences que suppose le respect de la réglementation du droit du travail comme base pour l'embauche et le traitement des employés. Rares sont les entreprises d'État qui acceptent de présenter les statistiques indiquant la proportion d'hommes et de femmes et leurs salaires respectifs. Rares sont les directions qui énoncent des résultats tangibles, des changements effectifs obtenus après la mise en œuvre du plan. Il n'y a de publicité que pour des initiatives de sensibilisation et de débat sur la formation de la discrimination et/ou la ségrégation de sexe et de race dans la société en général, des initiatives exemptes du souci d'adopter de nouvelles pratiques ayant un impact effectif sur leurs structures internes. Enfin, les thèmes des agendas de négociation des syndicats ne sont pas pris en compte pour compléter ou soutenir les plans des entreprises, tout comme la coopération avec les organisations de représentation syndicale n'est jamais vraiment approfondie.

Tout indique que la proposition d'encourager les plans pour l'égalité des chances n'était pas à la mode ou plutôt, pas encore à la mode, parce que la culture contractuelle des entreprises publiques reste plus rattachée à la culture philanthropique, aux actions de responsabilité sociale externes à ses espaces organisationnels, à la distribution humanitaire de biens et de services à la population vivant dans les quartiers à proximité des usines (Cappellin, Giuliani, 2006). Ainsi, la production de valeurs et de symboles autour de la féminité, l'image de la famille et la femme ne renforcent pas les liens qui se créent entre le travail, la vie de famille et le respect de la dignité

Le Parquet[6] suit en 2002 et 2003 une autre voie et un autre parcours de négociation pour la promotion de l'équité de genre. À partir de sa structure interne, la Coordination nationale pour la promotion de l'égalité des chances et l'élimination de la discrimination sur les lieux de travail interpelle directement un secteur d'activité en expansion continue dans l'économie brésilienne : les banques de Brasília, la capitale fédérale du Brésil. C'est la première expérience nationale donnant lieu à un groupe de travail tripartite, qui dessine les contours du Pacte pour la diversité dans le secteur bancaire. En conséquence, la Confédération nationale des travailleurs de la branche financière (Contraf) annonce en novembre 2006 une première avancée : la Fédération nationale des banques (Fenaban) s'engage à jouer un rôle actif dans le Pacte pour la diversité, en prenant l'engagement de mener à bien la cartographie de la diversité dans le secteur bancaire, qui examinera l'admission, l'ascension professionnelle et la rémunération selon le genre, la race, l'ethnie et la classe d'âge. Ces critères sont discutés avec l'Institut de recherche économique appliquée (IPEA), organe du ministère de la Planification, et l'exécution est placée sous la surveillance de la Commission des droits de l'homme. À partir de là, le Parquet suit l'évolution des programmes de diversité dans chacune des banques, pour en vérifier la conformité avec le Pacte. C'est un premier pas qui, non seulement permet d'interagir en spécifiant les négociations collectives, mais intervient également en instaurant des procédures, des enquêtes et des actions judiciaires et extrajudiciaires par le « Terme d'engagement à un ajustement de conduite » pour surveiller la mise en œuvre des plans de promotion de la diversité. Elles servent de référence, en tant qu'outils soutenus juridiquement par des actions correctives pour améliorer les politiques de ressources humaines dans les établissements bancaires.

---

[6]   En matière de travail, le Parquet s'occupe essentiellement de la défense des intérêts diffus, collectifs et individuels lorsque sont violés les droits sociaux garantis par la Constitution.

2. L'engagement national pour améliorer les conditions de travail dans la canne à sucre

D'autres initiatives suivent un itinéraire qui propose de « civiliser les entrepreneurs », dans le domaine de la qualité de l'emploi en milieu rural au Brésil. Le secteur de l'industrie agroalimentaire sucrière se présente en 2009 comme un domaine-paradigme pour améliorer les conditions de travail. C'est cette fois le Secrétariat de la Présidence de la République qui promeut un parcours exemplaire dans ce secteur économique hautement stratégique pour renforcer les exportations brésiliennes et attirer les investissements internationaux[7]. Depuis 2006, on parle d'un nouveau cycle de la canne à sucre au Brésil, dans un contexte international où augmentent les facteurs qui favorisent la vente dans le monde du sucre et de l'éthanol brésiliens, qui entrent sur le marché avec un prix compétitif face aux coûts de transformation de la betterave européenne. La signature de l'Engagement à améliorer les conditions de travail dans la canne à sucre a été préparée depuis juin 2008 avec l'installation de la « Table-ronde de dialogue pour améliorer les conditions du travail dans la canne à sucre ». Celle-ci revêt une grande importance médiatique du fait qu'elle exprime un projet national de changer la culture traditionnelle de ce secteur d'activité. Cette initiative, soutenue par le président Lula, reçoit l'adhésion volontaire de 169 des 322 entreprises brésiliennes de transformation de la canne à sucre. Entre autres nouveautés, ce protocole prévoit pour la première fois l'implication d'un large éventail d'institutions : sept ministères, quatre organisations de la société civile, pour le segment des entreprises, la Confédération nationale des travailleurs agricoles (CONTAG) et la Fédération des travailleurs ruraux de l'État de São Paulo (FERAESP), pour le segment des travailleurs.

Le pacte propose d'améliorer les conditions de vie et de travail des coupeurs de canne, ouvriers saisonniers travaillant dans le secteur (agricole et industriel) faisant partie de la population la plus vulnérable engagée par les entreprises. L'itinéraire de bonne pratique s'achève lorsque les entreprises se soumettent à une nouvelle pratique : l'audit social. Il s'agit d'un avis favorable émis par des agences privées, préalablement autorisées par la commission gouvernementale, mais choisies et embauchées par les entreprises/usines elles-mêmes. En conclusion, l'usine reçoit la certification par l'octroi du label d'« entreprise engagée dans l'amélioration des

---

[7] "O Presidente Lula chamou os usineiros de heróis" (« Le président Lula a qualifié de héros les propriétaires d'usines sucrières»), *Folha de São Paulo*, São Paulo, 20 mars 2007. *Notícias.*

conditions de travail ». Cette procédure se rapproche des directives pour les industries sucrières en Europe (depuis 2003), qui, avec les partenaires sociaux, contrôlent l'application des normes des droits fondamentaux du travail[8].

L'existence de ce programme brésilien est une dénonciation implicite de la façon dont la modernisation agricole s'accompagne d'infractions aux normes dans les pratiques et les conditions de vie des coupeurs de canne à sucre saisonniers, le maillon le plus fragilisé de la chaîne de production. Son caractère d'urgence favorise le recours aux services de conseils techniques de l'Organisation internationale du travail par le ministère du Travail brésilien.

2.1. Discours, actions et pratiques

Ce protocole, débuté en juin 2009, a été désactivé en avril 2013, en raison de résultats fragiles et des critiques dès l'époque de la définition de son format. Contrairement au programme des entreprises pour l'équité de genre, ce pacte a fait l'objet d'un intense suivi par les organisations de la société civile et des organisations publiques du gouvernement fédéral qui, même si elles n'étaient pas incluses dans le cadre du protocole, ont effectué l'activité de contrôle.

La rhétorique des promesses d'amélioration des conditions de travail sonne comme un objectif en faveur de l'exportation de l'éthanol brésilien, inséré dans un marché mondial concurrentiel et exigeant. On peut en trouver une démonstration dans la déclaration du président de l'Union de l'industrie de la canne à sucre (Unica), pour qui l'attribution du label/pacte brésilien est une initiative qui contribue à « renverser les mythes qui circulaient au Brésil sur ce secteur » (Hashizume, 2012).

La modernisation de la production agro-industrielle entraîne des transformations complexes et contradictoires. La croissance impulsée par le programme gouvernemental Pro-éthanol subventionnant les entreprises au début des années 1970 a permis la coexistence de différentes phases de changements. Dès les années 1980, la mécanisation naissante a été une réponse patronale à la grève de 1984 des coupeurs de canne à sucre de Guariba (État de São Paulo). Quelques conquêtes émanent de cette grève. Par exemple, le DIEESE observe en 2007 que les tracteurs

---

[8]   Le Code de conduite sur la responsabilité sociale des entreprises est entré en vigueur le 1er janvier 2004 [En ligne], URL : http://www.eurosugar.org/pdf/bro_fr.pdf, consulté le 10 décembre 2014.

surveillés par satellite, les épandeurs d'engrais avec contrôle électronique et les machines récolteuses de précision étaient déjà utilisées dans environ 25 % des propriétés de canne à sucre du Brésil. De surcroît, la menace de mécanisation joue comme forme d'intimidation pour ceux qui ont adhéré à la grève.

D'après les représentants des travailleurs dans l'agriculture (Contag) durant la période des négociations et de conclusion du pacte, certaines mesures ne sont pas suivies : la structure inappropriée de supervision maintenue par le ministère du Travail, l'absence de sanctions ou de pénalités (par exemple, l'interruption des aides incitatives, l'annulation de la ligne de crédit, la révision des prêts) lorsque les agents économiques violent les lois du travail. Les résultats sont irréguliers en raison d'une présence active peu homogène des syndicats des travailleurs sur le territoire et dans les usines locales. Ainsi, les accords fluctuent entre quelques bons exemples de pratiques correctes et des cas d'échec et de manquement à l'agenda et aux objectifs proposés par le pacte.

2.2. *Revendications et critiques*

Dans le secteur de l'industrie sucrière, les formes de régulation sociale sont très diversifiées. Selon le DIEESE (2007), les évaluations des campagnes de négociations salariales soulignent la persistance de dénonciations de violation des accords et des conventions. L'organisation des travailleurs et les actions des organismes de surveillance sont des éléments cruciaux pour ancrer la législation et permettre l'adoption de la pratique de la négociation orientée pour corriger les irrégularités. Cependant, on observe des différences jusqu'entre des usines appartenant au même groupe mais situées dans des régions distinctes. En 2007, il n'existait pas encore d'instrument de convention collective dans les États du Paraná et du Minas Gerais ; dans les États du Nordeste, où ont commencé les luttes des travailleurs de la canne à sucre à la fin des années 1970, les conventions collectives existent au niveau de chaque État et ont intégré de nouvelles clauses, comme, par exemple, celles relatives au travail des femmes dans les champs. Ainsi, suivant la mobilisation et la façon dont sont choisis et élaborés les droits et les garanties dans la production, les accords et les conventions sont plus ou moins détaillés. Les différences proviennent en grande partie de l'histoire économique et politique de l'introduction de la canne à sucre dans les différentes régions (Santos, Souza, 2012).

Pour comprendre les défis dans la définition des agendas de négociation, il convient d'observer le contingent important de jeunes qui travaillent encore aujourd'hui comme coupeurs manuels, dont les conditions de travail et de vie témoignent de la précarisation et de la pression continue pour l'augmentation de la productivité. Malgré de grandes avancées technologiques et des gains de productivité, il n'y a pas eu d'amélioration significative de la qualité des conditions de travail et des règles d'emploi des coupeurs manuels. En particulier, les usines préfèrent encore embaucher des travailleurs du Nordeste du Brésil, parce qu'ils sont moins politisés, plus sensibles aux diktats du capital et donc moins menaçants en termes de revendication de leurs droits (Novaes, 2009).

La professionnalisation du secteur et la recherche par les usines de labels sociaux et environnementaux pour accroître l'exportation de sucre, entre autres motifs, ont permis au cours des dernières années une augmentation de la formalisation des embauches de main-d'œuvre, plus particulièrement dans l'État de São Paulo. Néanmoins, depuis plus de deux décennies, les critiques sont toujours présentes, notamment si l'on observe les déphasages entre la modernisation poussée et les accidents du travail constants, les décès, en particulier lors de la phase de la récolte.

Des enquêtes provenant de différentes sources révèlent toutefois certaines améliorations. Pour le transport dans les champs de canne à sucre, les camions sont remplacés par des bus, l'utilisation d'équipements de protection individuelle (EPI) est exigée : bottes, tee-shirts à manches longues, chapeaux, gants, jambières et lunettes[9]. Malgré cela, les nouveaux EPI fournis aux travailleurs ne parviennent pas à atténuer les risques élevés car, selon ces derniers, ils sont de mauvaise qualité et parfois inadaptés aux tâches à effectuer à un rythme accéléré.

Pour Alves (2006) et Silva (2008), l'exploitation des travailleurs, en dépit des innovations technologiques, reste inchangée. En témoignent les bas salaires et le rendement très élevé exigé. Dans les années 1980, le rendement moyen était de 5 à 8 tonnes de canne à sucre coupée/jour ; en 1990, il passe à 8-9 t./jour ; en 2000, à 10 t./jour, et en 2004, l'exigence était de 12 à 15 tonnes de canne à sucre coupée/jour et en 2014, plus de 15 (Gouveia *et al.* 2015).

---

[9] Selon Gonzaga, du Fundacentro, organe du ministère du Travail et de l'emploi (MTE), 21 morts par épuisement parmi les coupeurs de canne à sucre ont été enregistrées entre 2004 et 2007. En 2005, 450 décès ont été comptabilisés par le MTE dans les usines de sucre de São Paulo. Source : *Revista Estudos do Trabalho*, n° 9, 2011.

Certaines pratiques peuvent servir d'exemple de l'usure provoquée. Le système de coupe manuelle établit un tour de rôle pour le repos des groupes de travailleurs. Chaque groupe composé en moyenne de 50 travailleurs opère dans le système 5 x 1 – cinq jours de travail, un jour de repos. Ce système compromet la sociabilité des travailleurs qui se rencontrent rarement pour fraterniser et participer à d'autres activités collectives. En outre, l'embauche directe par les usines – identifiée comme un changement résultant des pactes interprofessionnels – n'est pas une source d'avantages comparée à l'ancienne stratégie d'embauche par l'intermédiaire d'un *gato* (recruteur sous-traitant la main-d'œuvre). Certaines usines engagent des médecins qui réalisent les examens d'admission directement dans les villes d'origines (du Nordeste) en sélectionnant les jeunes coupeurs de canne suivant leur résistance à l'effort physique. Ce n'est qu'après ce test qu'ils sont embauchés et poursuivent leur voyage avec le véhicule fourni par l'usine vers les zones sélectionnées.

La Commission pastorale de la terre (CPT), qui historiquement prête assistance au mouvement des travailleurs ruraux, signale la persistance des irrégularités commises par les usines contre les travailleurs coupeurs de canne, dans un rapport qui montre que l'application des normes en matière de législation et les agendas de négociation collective ne changent pas[10]. Selon le document de la CPT, cet « accord/pacte national vise uniquement à surmonter l'opposition internationale face à l'exportation d'éthanol brésilien »[11]. Différentes entités sollicitent l'intensification de la « surveillance publique en faveur de la formalisation du travail, pour combattre l'esclavagisme moderne et les conditions dégradantes de la coupe manuelle de la canne à sucre » (Fase/Rebrip, 2008, p. 137) lorsqu'elles publient des études sur les processus accompagnant l'expansion de la surface plantée en canne à sucre pour la production de biocarburants (Rebrip, 2008). Plus récemment, ces entités soulignent que l'application des clauses établies par les négociations est souvent négligée, mais certaines signalent le manque de renouvellement de la législation elle-même, qui n'a pas su se mettre à jour et aller de l'avant afin de dépasser la forme de rémunération au rendement et renforcer le respect des normes de sécurité (Freitas, 2014).

---

[10]   Disponible à l'adresse : http://www.cptsp.com.br/trabalhoescravodiminui.html, consulté le 10/12/2015.

[11]   Disponible à l'adresse : http://reporterbrasil.org.br/2009/08, consulté le 10/12/2015.

Pour Marcus Barberino, juge fédéral du Tribunal régional du travail de la 15ᵉ Région[12], le plus grand problème n'est cependant pas la qualité de la loi ou le degré de compétence du pouvoir judiciaire, mais la capacité de résistance des usines à l'application de la loi. « C'est un aspect propre à la corrélation des forces dans la société brésilienne »[13].

Les critiques les plus incisives proviennent des représentants du ministère public du travail (MPT), qui a été exclu de l'ensemble des acteurs sociaux participant aux pactes établis par l'État fédéral.

Le MPT suivait les pratiques d'une partie de ce secteur d'activité pour les corriger. Par exemple, en 2007, le juge de Capivari, saisi en référé, a ordonné de mettre fin à la sous-traitance de tous les services dans les locaux du groupe économique Usina São José. L'année suivante, le MPT lance le « Programme national pour la promotion du travail décent dans le secteur du sucre et de l'éthanol ». Le programme débute dans certains États du Nordeste – Alagoas en 2008, puis successivement Pernambuco, Bahia, Rio Grande do Norte, Sergipe – et ensuite dans les États de l'Espírito Santo et du Mato Grosso. En 2012, en se basant sur la surveillance du territoire et les actions civiles publiques, les bureaux du Procureur (Parquet) énumèrent explicitement les problèmes, les échecs, les erreurs, certaines fraudes au cours du processus de certification et dressent une liste des principales exigences pour l'obtention du certificat qui ne sont pas satisfaites par les usines :

- ignorance des règles de l'Institut national de la métrologie, de la qualité et de la technologie (Inmetro) ;
- absence de consultation auprès des organismes comme le Parquet ;
- absence de consultation auprès du ministère du Travail et de l'emploi,
- absence de consultation auprès des organes de la Justice du travail avant la mise à disposition du label,
- non vérification des informations transmises par les usines (Hashizume, 2012).

Parmi ces commentaires des bureaux du procureur, apparaissent aussi des critiques envers le modèle de programme de certification dans ses

---

[12] Le Parquet de la 15ᵉ région, en charge des questions liées au travail, a son siège à Campinas, dans l'État de São Paulo. En tant qu'organe de la Justice du travail, il relève du pouvoir judiciaire de la République fédérale brésilienne. Sa compétence s'étend à toutes communes de l'État de São Paulo.

[13] *cf. Repórter Brasil*, 2 juin 2009.

procédures administratives pour obtenir le label. Par exemple, il est dit que 50 % des activités des audits dans les usines de l'État de São Paulo ont été menés dans les périodes entre deux récoltes.

En outre, les entretiens avec les travailleurs sont souvent réalisés en présence du représentant de l'employeur ; enfin, les contacts que les auditeurs et/ou les techniciens devraient maintenir avec les syndicats sont remplacés par une relation directe avec les travailleurs et non avec les syndicats. Dans ces conditions, l'autonomie de l'évaluation est compromise par l'ingérence de l'employeur et les agences d'audit elles-mêmes ne sont pas fiables, car elles sont présentées par les entreprises ou les usines à la coordination nationale du programme. Quand il cite ces « problèmes, failles, erreurs et fraudes » dans le processus de certification, le Parquet propose d'annuler le label octroyé par le Président de la République aux usines de canne à sucre[14].

Conclusion : Gouverner dans le pluralisme[15]

Le renouvellement des modèles de relations industrielles a connu des développements importants au cours des dix dernières années. La négociation collective en tant qu'environnement institutionnel classique cherchant à discipliner le pouvoir des employeurs ne se manifeste pas toujours par son efficacité. En effet, au Brésil les pratiques de négociations qui transforment le droit du travail en normes juridiques et sociales se déroulent dans un environnement marqué par la reproduction du visage despotique de la culture d'entreprise (Burawoy, 1990). Les plateformes – les accords, les labels et les engagements – ressources juridiques diversifiées, se justifieraient par la perspective centrale d'obtenir des résultats efficaces, grâce aux dynamiques d'émulation dans le jeu du marché (Hepple, 2003). Mais en même temps, on ne peut manquer de relever que ces stratégies mènent à la disparité des pouvoirs entre les entreprises/employeurs et les travailleurs, en particulier dans la phase actuelle de la mondialisation qui active des formes de restructuration (externalisation et délocalisation). Ces plateformes abandonnent le paramètre d'exigibilité des droits. Dans ces termes, la procédure consistant à pénaliser les violations est remplacée par la diffusion d'initiatives discrétionnaires. L'adoption du recours juridique, la *soft law* (Bano, 2003), répond aux contextes spécifiques étudiés au Brésil :

---

[14]   "Ministério Público pede cassação de selo de qualidade de sete usinas". (« Le Parquet demande la cassation du label de qualité de sept usines »), *O Valor*, 4 octobre 2012.

[15]   Valdés Dal-Ré, 2014.

- lorsque l'attitude consistant à ne pas respecter et appliquer les normes contraignantes est fréquente,
- lorsque les parties intéressées ne sont pas parvenues à un accord approprié,
- lorsque l'objectif de les atteindre n'est pas encore bien défini.

Ainsi, laisser la porte ouverte à l'expérimentation de l'usage d'un droit fragile peut-il agir sur l'ancrage du respect des normes dans les entreprises ? Cette inquiétude a motivé notre intérêt de comprendre les pratiques émergentes, inaugurées entre 2003 et 2013, dans un éventail d'entreprises de grande signification et de valeur importante sur le plan économique et symbolique (entreprises d'État et agro-industrie).

Dans les années 1990, les programmes de philanthropie et de responsabilité sociale des entreprises étaient bien loin de plaider l'application de la législation du travail. Dans la phase actuelle, la mondialisation rend difficiles une définition et une défense des normes des conditions de travail, ce qui retarde l'enracinement des droits sociaux. Deux observations surgissent en conclusion de l'analyse présentée. D'une part, les mobilisations au niveau local pour la défense des travailleurs et travailleuses sont toujours présentes, ce qui montre combien est profond le déficit de garanties offertes par les employeurs qui insistent à ignorer (par fraude ou par omission) la législation en vigueur. D'autre part, le renouvellement continu des agendas de revendications sur les lieux de travail indique également que les institutions publiques devraient être formées pour continuer à interpeller les entreprises sur leur responsabilité d'employeurs en faveur de la qualité de l'emploi et du niveau de vie. De par la variété des systèmes de réglementation établis par les acteurs sociaux (État, syndicats, entreprises, travailleurs) maniant la loi et les contrats (Supiot, 2003), il convient donc de continuer à suivre ces modalités afin de vérifier si et comment elles peuvent promouvoir l'interpellation des entreprises et répondre efficacement aux exigences élaborées par la société.

Bibliographie

Abramo Lais (éd.), 2005, *Questionando um mito : custos do trabalho de homens e mulheres*, Brasília, OIT (Organisation internationale du travail).

Alexim João Carlo, Cappellin Paola, Lettieri Carla, 2005, *Experiência dos núcleos da promoção da igualdade de oportunidades e combate à discriminação no emprego e na ocupação*, Brasília, OIT (Organisation internationale du travail).

Alves Francisco, 2006, « Por que morrem os cortadores de cana ? », *Revista Saúde e Sociedade*, vol. 15, n° 3, set./dez., p. 90-98.

Bano Fabrizio, 2003, « Diritto del lavoro e nuove tecniche di regolazione : il soft law », *Lavoro e Diritto (LD)*, n° 1, p. 49-76.

Barraud de Lagerie Pauline, 2012, « Un salariat mondialisé ? Protection des travailleurs et responsabilité sociale de l'entreprise à l'épreuve de la globalisation », *Les notes de l'Institut européen du salariat,* n° 28, juin-juillet, p. 1-4.

Borzeix Annie, 1986, « Avant-propos », *Sociologie du travail,* n° 3, Paris, p. 231-237.

Burawoy Michael, 1990, « Dos regimes fabris no capitalismo avançado », *Revista Brasileira de Ciências Sociais, ANPOCS*, São Paulo, Vertice, n° 13, p. 29-50.

Cappellin Paola, 2008, « Politique d'égalité des chances : les grandes entreprises en Europe et au Brésil », *in* Hirata Helena, Lombardi Maria Rosa, Maruani Margareth (dir.). *Travail et genre. Regards croisés*. Paris, La Découverte, p. 75-88.

Cappellin Paola, 2010, « Plafond, parois de verre ou ciel de plomb ? De la persistance des inégalités », *Cahiers du Genre*, n° 48, p. 31-57.

Cappellin Paola, Delgado Didice, Soares Vera, 2002, « As grandes empresas no Brasil : relações de gênero, trabalho, igualdade de oportunidades », *in* Actes du Congrès international des latinoaméricanistes en Europe, 3. Netherland Association for Latin America Study, Amsterdam, p. 35-45.

Cappellin Paola, Giffoni Raquel, 2007, « As empresas nas sociedades que mudam : a responsabilidade social no Norte e no Sul », *Caderno CRH,* vol. 20, n° 51, set./dez., p. 419-434.

Cappellin Paola, Giuliani Gian Mario, 2006, « Práticas privadas de bem-estar : uma face da solidariedade ? », *in* Cappellin Paola ; Delgado Ignacio ; Dulci Olavo ; Gros Denise (dir.), 2006, *Empresas e grupos empresariais. Atores sociais em transformação*, 1ᵉ ed., Juiz de Fora (Brésil), Editora da Universidade Federal de Juiz de Fora, vol. 1, p. 63-92.

Cappellin Paola, Giuliani Gian Mario, 2004, « The Political Economy of Corporate Responsibility », *in Brazil : Social and Environmental Dimensions. Technology, Business and Society*, Geneva, Programme Paper n° 14. United Nations Research Institute for Social Development, oct., p. 1-67.

Cardoso Adalberto, 2003, *A década neoliberal e a crise dos sindicatos no Brasil,* São Paulo, Boitempo.

Carrieri Mimo, 2011, « Le relazioni industriali possono aiutare la regolazione del mercato globale ? », *Quaderni di Rassegna Sindacale*, n° 1, p. 30-35.

CEDAW, 2002, *Convention on the Elimination of All Forms of Discrimination Against Women*, Relatório Nacional Brasileiro, Protocolo Facultativo, Brasília.

D'Antona Massimo, 1998, « Diritto del Lavoro di fine secolo : una crisi di identità ? », *Rivista Generale del Lavoro e delle Politiche Sociali*, n° 1, p. 51-93.

Delfino Massimigliano, 2002, « Il soft law nel diritto del lavoro italiano. Un'alternativa all'inderogabilità ? », Seminario Italo-spagolo su l´inderogabilitá nel nuovo diritto del lavoro, ottobre, p. 1-10.

Delgado Didice, Cappellin Paola, Soares Vera (dir.), 2000, *Mulher e trabalho, experiências de ação afirmativa*, São Paulo, ELAS/Boitempo Editorial.

DIEESE, 2007, « Desempenho do setor sucroalcooleiro brasileiro e os trabalhadores », *Estudos e Pesquisas*, n° 30, p. 1-34.

Distefano Marcella, 2003, « Origine e Funzioni del Soft Law in Diritto Internazionale », *Lavoro e diritto*, n° 1, p. 17-46.

Edelman Lauren, 1992, « Legal Ambiguity and Symbolic Structures : Organizational Mediation of Civil Rights Law », *American Journal of Sociology*, n° 6, p. 1531-1576.

Edelman Lauren B., Talesh Shauhin, 2011, « To comply or not comply », *in* Parker Christine, Viber Lehmann Nielsen (dir.), *Explaining compliance. Business responses to regulation*. Edward Elgar (UK), Northampton MA (USA), p. 103-122.

Freitas Barros Lígia, 2014, « A aplicação dos princípios constitucionais pelo TST nos julgamentos dos trabalhadores canavieiros », Actes du IX encontro *Associação brasileira de ciência Política*, p. 1-20.

Gallino Luciano, 2005, *L´impresa irresponsabile*, Torino, Einaudi.

Gouveia Vilela Rodolfo Andrade, Fontana de Laat, Erivelton, Gronau Luz Verônica , Nunes da Silva Alessandro José, Conti Takahashi Mara Alice, 2015, « Pressão por produção e produção de riscos : a "maratona" perigosa do corte manual da cana-de-açúcar », *Revista Brasileira de Saúde Ocupacional*, 40 (131), p. 30-48.

Hashizume Maurício, 2012, « Usinas de álcool, empresas compromissadas ? », *Repórter Brasil*, 1 nov., p. 1- 10.

Hepple Bob, 2003, « Diritto del lavoro, diseguaglianza e commercio globale », *GDLRI*, n° 97, p. 27.

Hirschman Albert O., 1970, *Exit, Voice, and Loyalty. Responses to Decline in Firms, Organizations, and States*, Harvard University Press.

Novaes José Roberto, 2009, « Trabalho nos canaviais : jovens entre a enxada e o facão », *Revista Ruris*, Campinas (Brasil), vol. 3, n° 1, março, p. 103-127.

Perulli Adalberto, 2006, *Globalizzazione e Rapporti di Lavoro*, *in* Napoli Mario (dir.), Milano, Vita e Pensiero.

Perulli Adalberto, 1999, *Diritto del lavoro e globalizzazione. Clausule sociali, codici di condotta e commercio internazionale*, Padova, Cedam, p. 13-42.

Rede Brasileira pela Integração dos Povos (REBRIP), 2008, *Agro-combustíveis e a agricultura familiar e camponesa : subsídios ao debate*, Rio de Janeiro, REBRIP/FASE.

Revista Estudos do Trabalho, 2011, dossier *A saúde e a precarização do homem-que-trabalha*, n° 9.

Rodotá Stefano, 2012, *Il diritto di avere diritti*, Bari, Laterza.

Sainsaulieu Renaud, Segrestin Denis, 1986, « Vers une théorie sociologique de l'entreprise », *Sociologie du travail*, n° 3, p. 335–352.

Santos F. T. Ana Michelle, Souza D. E. Francilane, 2012, « Cana doce, trabalho amargo : a superexploração do trabalhador canavieiro no município de Itaberaí-GO », *Revista Pegada UNESP*, vol. 13, n° 2, p. 1-26.

Silva de Moraes Maria Aparecida, 2008, « Mortes e acidentes nas profundezas do "mar de cana" e dos laranjais paulistas », *InterfacEHS – Revista de Saúde, Meio Ambiente e Sustentabilidade*, vol. 3, n° 2, p. 1-31.

Supiot Alain, 2003, « Un faux dilemme : la loi ou le contrat ? », *Droit Social*, p. 59-71.

Valdés Dal-Ré Fernando, 2014, « La Globalización y el Mundo del Trabajo », *in* Grillo Coutinho Leonardo da Silva Sayonara (dir.), *Transformações no mundo do trabalho e redesenhos institucionais : trabalho, instituições e direitos*, São Paulo, LTr, p. 23-31.

Valdés Dal-Ré Fernando, 2005, « Derecho del Trabajo y Orden Económico Globalizado : El Imparable Avance del Derecho Flexible », *Claridad*, n° 3, p. 40-49.

Conclusion

Des signes de changement dans l'air ?

Christian Azaïs, Liana Carleial

Ce livre clôt un ensemble d'articles issus de recherches sur le marché du travail. Il se penche sur les changements provoqués par la rupture de la condition de salarisation de long terme, comme forme dominante d'entrée sur le marché du travail. Le salariat perdure, mais ses conditions d'exercice *via* un contrat, une journée de travail, une rémunération, des formes d'organisation des travailleurs changent. Toutefois, les changements ne s'arrêtent pas là et de nouvelles formes de mise au travail apparaissent, qu'elles soient précaires ou pas. C'est ce que nous avons qualifié de « figures émergentes » (Azaïs, 2017[1]). Elles revêtent différentes formes comme le contrat « zéro heure » au Royaume-Uni, le CDD (Contrat à durée déterminée) d'usage ou de chantier (en France) la sous-traitance et diverses formes d'entrepreneuriat. Les formes d'expression de ces figures émergentes présentent *grosso modo* trois types de caractéristique. Elles peuvent être subies par l'individu et s'apparentent alors à tout type de contrat précaire. On les qualifiera de « figures déclinantes ». Elles peuvent aussi être voulues, souhaitées par les individus quelle que soit la forme prise. Il s'agit de « figures ascendantes – elles correspondent alors à un souhait de l'individu d'expérimenter d'autres formes de mise au travail en accord avec ce qu'il recherche personnellement dans une démarche qui conçoit le travail non pas uniquement comme contrainte mais comme réalisation de soi individuellement ou collectivement. La troisième figure émergente se situe dans un entre-deux, pouvant basculer dans la forme déclinante, à force de répétitions de contrats précaires, de stages souvent mal rémunérés. L'on peut alors parler de « figure intermédiaire », caractérisée par l'indéfinition dans la mesure où elle peut basculer soit dans l'une soit dans l'autre forme mentionnée ci-dessus.

---

[1] Azaïs Christian, 2017, « Figures émergentes : la zone grise de l'emploi en questions », *Actes des Journées internationales de sociologie du travail 2016*, Athènes, Université de Panteion, à paraître.

Même en réunissant des situations vécues dans les pays du Nord et du Sud, l'on repère des ressemblances significatives dans la mise en place de politiques économiques qui soulèvent des problèmes récurrents dans les marchés du travail des deux zones géographiques. A l'exception des pays qui ont réussi à maintenir des États forts et capables de promouvoir des politiques publiques d'infrastructures et industrielles, comme c'est le cas des pays asiatiques, tous les autres pays sont pris dans les mailles de l'austérité depuis une trentaine d'années, ce qui ne signifie pas non plus que ces pays ne connaissent pas une certaine précarisation de leur main-d'œuvre (en Chine, en Corée du Sud, au Japon, pour ne citer que ces pays-là).

L'austérité est une proposition d'encadrement de l'économie d'un pays. Dans cette perspective, la macroéconomie s'apparente à la gestion d'une grande famille qui peut, en période de crise, se « serrer la ceinture » ou s'imposer quelques restrictions. Ainsi, les dépenses publiques deviennent-elles des variables d'ajustement. C'est méconnaitre l'histoire du capitalisme, comme l'a affirmé Keynes, et oublier que l'investissement public joue un rôle d'entrainement des autres secteurs de l'économie.

La pratique de l'austérité conduit à un cercle vicieux dans lequel la coupe dans les dépenses publiques réduit la consommation des familles, l'investissement privé, les recettes de l'impôt provoquant un accroissement du chômage, ce qui amplifie les effets de la crise. Dès lors, l'incertitude inhérente au capitalisme s'aggrave tout comme le problème prétendu qui est à l'origine de l'adoption de cette politique.

Depuis la crise financière de 2008, les États nationaux se sont fragilisés à différents niveaux. L'ampleur de son impact a varié en fonction de la plus ou moins grande présence de canaux de transmission des effets de la crise. Certains gouvernements ont décidé de sauver des entreprises, des secteurs économiques et les banques. D'autres encore ont dû recourir au crédit pour faire face aux difficultés. En outre, dans cette phase du capitalisme financiarisé, le flux international de capitaux a exigé une augmentation des taux d'intérêt, ce qui rend les dettes publiques et qui accroît le risque d'exiger des politiques… d'austérité.

Dans ce contexte, les politiques sociales deviennent le principal levier dans les coupes des dépenses publiques. Par ailleurs, les changements dans la législation du travail tentent, tout en préservant les bénéfices des entreprises et le paiement des impôts, de réduire le coût du travail. Individuellement, cette stratégie pourrait répondre aux intérêts des capitalistes d'augmenter leurs profits, mais collectivement, elle devient un leurre qui mine le marché consommateur et de ce fait la réalisation des marchandises.

Sur le marché du travail, l'impact le plus fort est celui qui pèse sur les contrats de travail à long terme ; la recherche d'une flexibilisation croissante génère davantage d'incertitudes, réduit les salaires, fragilise les syndicats et pousse à la recherche de travailleurs « bon marché », trouvés sur place parmi les travailleurs migrants plus dociles et soumis. Dans le même temps, les entreprises et les projets tendent à se déterritorialiser.

Le résultat le plus connu de ce processus est la fragilisation du salariat et la création d'occupations de moins bonnes qualité et rémunération. Dans ce contexte les formes d'organisation des firmes changent. L'on assiste à l'émergence de la firme-réseau, d'ensembles industriels et même de coopératives. Il en est de même des formes d'organisation des travailleurs, qui se traduisent par l'arrivée de nouveaux agents dans les négociations. Dans cet univers apparaissent de nouvelles occupations, d'autres s'institutionnalisent et les pratiques de sous-traitance de la force de travail se multiplient aussi, donnant lieu à l'apparition d'intermédiaires entre l'employeur et l'employé, provoquant aussi des pertes de droits et garanties liées au contrat de travail.

Les articles réunis dans cet ouvrage, comme leur lecture, ont mis en évidence les questions rappelées ici. Chacun illustre à sa manière les propos développés dans cette conclusion.

Il semble exister un accord tacite, et dans certains cas explicite, comme dans le cas de l'Union européenne, de subordination aux mouvements de la globalisation financière et d'application des recettes prônant l'austérité. Peu de pays ont réussi à échapper à ce programme. Cependant, l'épisode récent de la décision du Royaume-Uni de sortir de l'Union européenne, le Brexit, et les faits qui ont suivi l'élection de Thereza May, comme première ministre, apportent quelque espoir.

Tout semblait tranquille pour le renforcement de Thereza May et la réalisation d'une sortie définitive du Royaume-Uni de l'Union européenne, position définie lors d'un plébiscite. Cette tranquillité n'a duré que tant que les travaillistes ont commencé à utiliser un langage qui n'était plus le leur dernièrement. Ils se sont engagés à supprimer la taxe d'inscription dans les universités, à revoir les coupes dans les dépenses de santé et d'éducation, à renationaliser les chemins de fer et à augmenter les impôts pour les tranches de revenu supérieures. Ces propositions ont permis à Jeremy Corbin de croître dans les sondages, au mois de juin 2017.

Pour ce qui est du marché du travail, il a misé sur la requalification et l'octroi de conditions dignes de travail, sur l'augmentation du salaire minimum, la fin des contrats « zéro heure » et des stages non rémunérés et, en outre, il a proposé son aide aux syndicats et dans les négociations collectives.

Ainsi, la proposition de May – séparation des structures de marché et institutions de l'Union européenne, suivie d'un accord de libre-échange – semble avoir perdu de sa vigueur après ces élections. Le résultat s'est traduit par une perte de douze sièges au Parlement pour le parti conservateur alors les travaillistes en gagnaient trente-et-un. Le parti conservateur a perdu la majorité absolue à la Chambre, mettant ainsi en évidence le fait que l'anticipation des élections prévues initialement pour 2020 était un mauvais calcul. Le parti conservateur n'a pas réussi à traduire la désillusion que les politiques d'austérité ont provoqué dans la société. Comme il n'a pas réussi à gagner les 326 sièges nécessaires pour former une majorité, il a dû faire alliance avec un parti minoritaire, nationaliste. L'on peut affirmer de cet épisode que les idées et la conduite du processus conservateur se trouvent dans une situation vulnérable.

Les travaillistes ont gagné dans des bastions conservateurs, ce qui indique une certaine adhésion à l'idée d'une nécessité de changer. Corbyn a affirmé : « la politique a changé. La politique ne va plus retourner à la case où elle était. Ce qui s'est produit, c'est que les personnes ont affirmé en avoir assez des politiques d'austérité »[2].

Les deux pays mis en exergue dans cet ouvrage, le Brésil et la France, justifient à eux seuls l'affirmation selon laquelle l'ajustement se fait par le marché… du travail. Toutefois, des signes de changements ténus sont perceptibles et pourraient – selon l'humeur plus ou moins optimiste dans laquelle se trouve le lecteur – déboucher sur la recherche de solutions alternatives, sans tomber dans l'illusion d'un monde meilleur à venir.

Le président Macron, récemment élu en France, est encore une inconnue mais la réforme du code du travail menée au pas de course et qui, malgré le discours officiel, ne sera pas négociée avec les partenaires sociaux, a provoqué une chute de 10 % des opinions favorables à l'égard du président et de son premier ministre.

Dans le même temps, la décision de l'État français d'exercer son droit de préemption sur les deux tiers du capital de la société STX France, qui exploite les chantiers navals de Saint-Nazaire, et qu'il ne détient pas encore, aurait pu être interprétée comme le signe d'un tournant dans l'orientation libérale de la politique économique du nouveau gouvernement français.

---

[2]   "Líder trabalhista se fortalece e pede renúncia de May" (« *Leader* travailliste se renforce et demande la démission de May »), *Valor Econômico*, 9 juin 2017, section internationale, URL : www.valor.com.br, consulté le 9 juin 2017.

Il n'en est rien. Le ministre de l'économie – ex-candidat à la primaire de la droite[3] –, qui ne cache nullement ses choix en matière de politique économique libérale, a bien précisé que cette nationalisation n'était que « temporaire »[4]. L'enjeu était d'empêcher un investisseur italien, Fincantieri, et ce faisant le gouvernement italien, de contrôler l'entreprise française dont le poids stratégique en matière d'industrie de l'armement et d'image est considérable (production de porte-avions, etc.).

Aujourd'hui, les pays latino-américains, clairement sous l'égide de gouvernements de droite, en ont fini avec le cycle fragile de croissance avec redistribution des revenus et croissance de l'emploi formel, construit sous les gouvernements progressistes et à une période de prix élevés des matières premières.

Le gouvernement brésilien, plongé dans l'abîme de l'égratignure de la démocratie et de l'État démocratique de droit, a approuvé une réforme de la législation du travail qui altère profondément la Consolidation des lois du travail (CLT), mettant l'employeur et le travailleur en scène, écartant l'État et les syndicats. Seule une forte dose d'optimisme peut conduire à une inversion de ce processus, si l'on fait nôtre la devise, « demain est porteur de nouvelles possibilités ».

Le plus important, toutefois, est de constater que le discours qui reprend le rôle central de l'État dans les économies et les sociétés, tout comme celui qui propose la justice sociale et la réduction des inégalités, revient en *boomerang* vers le pays, le Royaume-Uni, où l'idée et la pratique de l'austérité sont nées et ont émigré vers le monde entier. Il est encore trop tôt pour commémorer mais rien n'empêche de rêver que dans un futur relativement proche nous puissions retrouver des marchés du travail davantage axés vers la démocratie, l'égalité et la solidarité entre les classes et les genres.

---

3   Le choix du candidat de la droite à l'élection présidentielle de 2017 s'est fait par le biais de l'organisation d'une élection primaire. L'actuel ministre de l'économie français était l'un-e des prétendant-e-s en lice.

4   Godin Romaric, 2017, « Saint-Nazaire : une nationalisation temporaire en trompe-l'œil », 27 juillet, URL : https://www.mediapart.fr/tools/print/701202, consulté le 3 août 2017.

www.peterlang.com